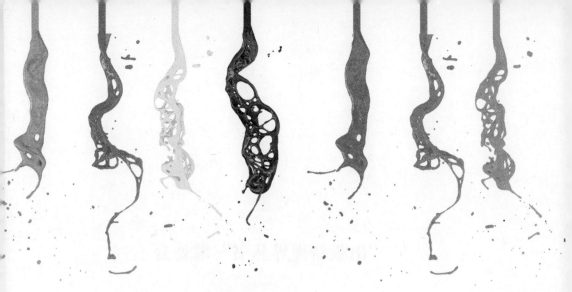

出版新视界丛书

出版业
如何迎接
数字时代?

吴　波◎主　编

原业伟◎副主编

西南财经大学出版社
Southwestern University of Finance & Economics Press

"出版新视界丛书"编委会

主　　任：陈　德

副 主 任：张新华　刘积英

委　　员：盛　娟　吴　波　周　贺　原业伟

contents 目录

观念篇：

在互联网时代重新定义出版

1. 一个时代的颠覆与躁动

没有互联网的时代，出版者本身就是信息的中间人，因为肩负筛选和传播功能而形成价值。但是，在颠覆传播规则的互联网时代，或许天生就和互联网基因相悖的传统出版人，应该找准怎样的定位？在面对互联网的浪潮时，是被动地抗拒、排斥、接受淘汰？还是主动地顺应、创新、变革求生？

正如《出版商务周报》的记者周贺在文中所表达的那样，"危机感、迷茫感以及不安全感"，决定了出版机构以及绝大多数出版人"在转型升级中的心态是不从容的，甚至是没有准备的"。所以，我们在此处选择的文章，更多地聚焦出版业向互联网的跨界融合，也就是传统出版业用互联网思维、互联网形式谋求升级创新的路径，相比互联网企业以资金、模式、人力资源进入出版业的路径，前者无疑更具有启发意义。

我们在本书分享了这样一些观点，希望您能有所收获：社科文献出版社的谢寿光社长将出版企业定位于"专业内容资源的整合商"，未来书业之本就是"打造内容整合平台"。长江文艺出版社的刘学明社长再次强调"出版社的存在价值——不断地选择优质的内容并把它传播出去"，只不过载体业已发生变化。转型一定要慎重，不要掉入所谓的"数字化陷阱"里。一定要"充分利用数字化技术带来的便利，特别是要借助其强大的传播功能，提升出版能力，做好内容的生产、推广、营销工作，实现内容的最大效用"。浙江出版联合集团朱勇良副总裁强调了数字出版启动全民阅读新浪潮带来的市场机会。新锐出版人马多多直言不讳地表达"图书出版的革命性创新才刚刚开始"，社交媒体正培养出一批又一批的"新型的"阅读者，但只有更聪明、更具创新精神的出版人才能抓住这个机遇。科普出版社的张金副总编辑认为，在移动互联时代，图书的策划、生产与营销等环节应该做出相应的变革——掌控用户真正的需求，做全产业链，做好产品细分，按用户需求重新加工呈现。

跨界大时代：颠覆与躁动

周　贺

这是一个跨界流行的时代，当明星的纷纷开起餐厅了，做报纸的开始投资房地产了……越来越多的人和企业不安于现状，尝试跨界发展。跨界几乎无处不在，但提到这个词最多的还是互联网行业。多年来，互联网不仅改变了几代人的生活，而且对多数"画地为牢"的传统产业也产生了极大冲击，逼迫着传统产业以互联网为纽带进行跨界与融合。可以说，互联网颠覆了整个世界。

颠覆：或变或消亡

互联网发展之快几乎超出想象，好像一夜之间，所有的办公和日常社交都开始应用到它。2014年6月，我国的互联网普及率已经达到46.9%。1997年，第1次《中国互联网络发展状况统计报告》出炉，当时的网民数量是62万人；2014年，这个数字变成了6.32亿人；2015年，成了6.88亿人，几乎涵盖了城镇中所有适龄人群。诚然，互联网已成为人们生活中不可或缺的组成部分，是人们获得信息、沟通交流的主要渠道。

与此同时，伴随着手机的普及，移动互联网行业也在迅猛发展。1999年12月，《中国互联网络发展状况统计报告》中首次出现移动终端，当时的用户人数仅为20万人；2014年，手机网民规模达5.27亿人；2015年，这个数字达到了6.20亿。这种增长和普及的迅猛完全可以从每个人的日常生活中体现出来：很多人去餐厅吃饭，坐下来的第一件事不是点菜，而是问WIFI密码；菜端上来，很多人先拿起来的不是筷子，而是手机，因为要拍照发朋友圈……

除了改变人们的生活方式，互联网对世界更为重要的影响是形成了以其为纽带的产业跨界和融合的新模式。与互联网相对应的其他所有产业形态被统统冠以"传统"二字，传统商贸、传统教育、传统医疗、传统媒体……传统未必是落后的，但面对新形式，它的生命气势不自觉地小了几分，总感觉自己可能被取代、被颠覆。

在所有的传统产业中，承受互联网最直接、最强烈冲击的无疑是包括传统出版业在内的传统传媒产业。在没有互联网的时代，媒体作为中间人，将此地的消息传播到彼地，人们通过报纸、书籍等满足信息和知识需求。互联网诞生后，以其迅捷的连通性取代了传统媒体存在的普遍意义，移动互联网更是进一步打破了时间、地域的种种限制，人们想何时何地获得何种信息，都能得到满足和实现。这种自由、快速的体验，有谁不爱呢？面对已经被互联网在短时间内成功"养刁了胃口"的受众，传统媒体除了跨界融合、精耕细作，还有其他的路可以走吗？

传统出版业更是如此。电商改变了图书的销售渠道，实体书店的日子日渐难过；数字出版改变了读者的阅读方式，书籍的形式面临颠覆，纸质书整体销量连年下滑。尤其是移动互联网兴起之后，数字阅读从PC端发展到移动端，更加便捷，实现了随时随地的阅读。读者对这种阅读形式无疑是欢迎且享受的。但对出版机构而言，数字出版的渠道难以掌握在自己手中，长此以往，很难不沦为纯粹的内容提供商，且出版机构少有定价权，说是"人为刀俎，我为鱼肉"，似乎也不为过。正如中南出版传媒集团董事长龚曙光所说，"数字技术带来了传播方式的革命性变化，将彻底颠覆传统出版业态下的发展和盈利模式。在这种发展大趋势下，传统出版机构走跨界融合之路也许没有绝对优势，但不走跨界融合之路绝对没有未来。"在这种严峻而紧迫的形势下，传统出版业不可能坐以待毙，不少出版社已经或者正在做出有益的探索与尝试。

躁动：愈难愈前行

互联网如此"兵临城下"，传统产业被迫改变曾经的观望态度，开始积极用互联网思维武装自己，用互联网工具变革自己，寻求转型升级，寻求跨界以及融合。如：传统商贸、商超、零售企业纷纷向互联网转型，推动了网购市场的高速发展；互联网教育、互联网娱乐、互联网医疗等正在持续发酵。

与此同时，互联网也在加速与传统产业的融合。移动互联网以前所未有的传播速度，云计算以超强的存储和计算能力，大数据以快速、准确的挖掘能力，联袂向生产、消费领域的广度和深度渗透，促使生产、消费、服务和流通一体化。但是，这两个走向的跨界融合具体情况有所不同，前者是时代大背景、大环境下不得不为之，后者则是水到渠成。

出版机构天生不具有互联网基因，仍主动、积极地拥抱互联网时代，越来越多地试水他们并不具有优势的领域，这是其自身发展的需求，也是大环境下的无奈之举。以近些年非常火爆的在线教育为例，大学出版社做在线教育除了内容优势几乎一无所有，技术、资金、人才都是短板，都不足以与互联网公司抗衡。但中型规模以上的大学出版社几乎都在涉足在线教育，这成为其数字出版转型升级的切入点，虽前途未明，却一定要有所作为。面对被颠覆、被取代，被迫地做一些不可预见且短板明显的事，这种危机感、迷茫感以及不安全感决定了出版机构在转型升级中的心态是不从容的，甚至是没有准备的。清华大学出版社数字教学服务平台总监郑奇坦言，清华大学出版社对其在线教育项目智学苑的未来无明确规划，因为在线教育未来的发展不可预见。但有一点可以肯定，清华大学出版社会沿着数字教育出版的方向不断探索，希望这种探索能获得比想象更加理想的效果。

以出版机构为主导的出版与互联网跨界融合，主要包括以下几种形式：在线教育，如各大学出版社；社交自出版平台，如时光流影；阅读平台，如大佳网；图书电商，如文轩网、博库网；网络游戏，如中文天地出版传媒股份有限公司（以下简称"中文传媒"）收购智明星通科技有限公司（以下简称"智明星通"）……这不难看出出版机构对跨界融合的坚定决心和积极态度，但这些作为结果如何，尚待商榷。

就中文传媒收购曾自主研发运营"开心农场"等社交网络游戏的智明星通一事而言，收购价26.6亿元，可谓"斥巨资"。11月13日，中文传媒发出公告回应此前媒体对该收购行为及相关数据披露的质疑，公告洋洋洒洒4 000多字，详细列举了原报道11处质疑，并进行了相应说明。关于此次收购之举的前景，中文传媒倒是十分乐观积极。江西出版集团、中文传媒董事长赵东亮此前接受财经媒体采访时说，中文传媒将通过本次收购，积极布局互联网业务，发挥传统出版媒体业务与互联网的协同优势，推动公司从内容提供商向全方位、全媒介、全产业链的文化产品及服务运营商转变。能否实现这种愿景，从目前来看，尚不明朗，智明星通仅仅是为中文传媒注入了互联网基因，还是有更为深远的意义，业界正拭目以待。

而互联网公司涉足传统出版业，尤其是亚马逊、当当这类有图书相关业务的互联网公司，从最初的图书相关业务到出版只是一个产品延伸的过程。譬如当当网，作为一个电商，它通过图书销售吸引流量，积累原始用户，并在此过程中以渠道商的身份接触多家出版机构；因其拥有用户大数据，开始对出版机构的选题策划给予建议；数字阅读风靡之后，独立研发移动阅读APP，出版机构对其的依赖不仅限于纸质书，也延伸到电子书的销售。他们了解读者需求，拥有坚实的资本后盾和物流基础，只要拿到优质的内容资源，就可以撇开出版机构，实现自出版，实际上，京东和亚马逊正在做这件事。亚马逊自2009年成立出版事业部以来，邀请知名作家加盟，扩展旗下出版子品牌，已收购了Avalon Books等老牌出版机构，其打入传统出版领域的野心可谓路人皆知。充分利用资本杠杆，在短时间内通过内容源头撬动整个传统出版产业，这对互联网企业来说似乎并不是难事。

同样是跨界，出版向互联网的跨界是从相对便于操作、自身熟悉且有优势的领域到更为广阔、存在局限性的领域，这种难度不可谓不大，所以称之为"转型升级"；互联网向出版的跨界则是在资本规模、用户流量、渠道建设、技术支持、人才构成都达成一定积累之后的产品延伸，是一种顺势而为。所以，以互联网企业为主导的互联网与出版跨界融合几乎无一例外地瞄准了作者，而吸引作者的不二法宝就是高稿酬。这种根本性质的不同，决定了前者"路漫漫其修远兮"，而后者财大气粗腰杆硬，似乎也更有信心。

我们聚焦出版与互联网的跨界融合，一种是传统出版业用互联网思维、互联网形式谋求升级创新，一种是互联网企业以强大资金、人力资源涉足出版业，两种路径的选择都是为了更好的发展，但其中的酸甜苦辣，如人饮水，冷暖自知。

（作者为《出版商务周报》记者）

全媒体时代的中国出版：
现实很丰满　未来很骨感

谢寿光

图书出版在传播学意义上也是一种媒体，其中资讯类图书则有明显的媒体特征。时至今日，中国出版的媒体功能远未完全呈现，对当下有关中国与世界发展的一系列重大问题和中央的战略布局，诸如"新型智库建设""中国话语体系建设""一带一路建设"等，均未见中国出版行业主管部门和出版企业有所呼应，有所作为。

出版业的现状与未来

信息化互联网所催生的全媒体时代的到来，对于传统书业的挤压似乎不如传统报刊、广电媒体那么大。主要的原因是什么？因为竞争没有那么激烈，所以出版业现在仍是"洋洋自得"。国家这些年对意识形态的投入，教材教辅的"喂养"，书号的限制成为当下中国出版业安身的良药，同时也是中国出版业自甘平庸的稻草。所以，对于传统书业来说，现实很丰满，未来相当骨感。

与报纸、广电所遇到的困境相比，图书出版业遇到的问题似乎并没有那么严峻，因为最近7年来整个书业的总量是正增长的。但是，如果把政府补助、税收减免、政府在意识形态阵地的投入，国家社科基金、自然科学基金、出版基金，以及"走出去"项目经费都剔除的话，图书出版业的日子将会很惨。

所以目前来说，这两年中国书业日子还算不错，活得很自在，但是对于其未来我却感到寒意阵阵，因为大数据、移动互联网、全媒体出版，特别是自出版，将彻底颠覆书业现在的生存环境。书业如何未雨绸缪、浴火重生，是业内人士值得深思的问题。

书业不应孤芳自赏，如果你换个角度，把它当成一个媒体来看待，你的世界观、你的感觉就会发生很大的变化。

融合是中国书业生存发展之道

融合是指融合纸质出版和数字出版。今天的出版机构，如果还在紧紧围绕着纸书打转、做文章，肯定是难以持续下去的。纸质图书会永远存在，因为它要满足一些人深度阅读、专业阅读和体验式阅读的需求，还要满足作为版本意义上收藏的需求。如果中国书价能与世界齐平的话，中国纸质图书的销售量大概还可以提升到现在的两倍，也就是说，现在纸质图书的销售额如果是800亿元，那么最多也只能达到2 000亿元左右的水平。纸质出版还会存在下去，但是它的内容和潜在的价值只能靠数字化来进一步延伸、进一步放大。

书业要通过数字出版对传统出版进行再造，要把自己当成媒体，要立足于自己所做的内容产业，和各类媒体实行全方位的融合。在数字时代，书、报、刊都是发表工具，只是方式不同而已。国家提出要建设中国特色新型智库，很多智库报告正式发布只能用书号，但是这个报告也就只有两三万字，在一定程度上浪费了书号资源。因此，图书出版业应提倡全媒体出版，书业应与其他媒体做全方位、全媒体、全过程的融合。

打造内容整合平台是未来书业之本

出版业不要害怕自出版，国外叫私人出版，应该说这种现象一定会大量出现的，但是正式的、专业的出版机构仍然有生存空间。

打造内容整合平台，对于出版行业来说，是未来书业之本。因为传统书业是以产品为王的，所以一本书，一个产品，能够让这个出版社在一年时间甚至是一段时间里都非常风光。但这种情况终究会发生变化，因为未来的书业是以内容整合平台为本。专业出版机构将会是专业内容资源的整合商，在这个平台里面，作者（内容生产者）、记者和编辑本身会形成一个旋转门，会形成一个互动，身份会自然转换，这时的出版机构与传统出版社的角色或许会有天壤之别！

（作者为社科文献出版社社长）

融合共生——网络时代传统出版业的发展路径

刘学明

互联网时代的到来，无疑给传统出版业带来了巨大的冲击。网络出版、网络书店、手机阅读、微信营销、出版众筹等，深刻影响着传统出版业编、印、发全流程，并且来势汹汹，锐不可当。转型，几乎成为我们这个时代最流行、最有共识的关键词。

但问题是，传统出版业如何进行数字化转型？数字化转型的路径是什么？如何寻找数字化出版持续发展的商业模式？几乎所有的出版社都知道要转型，但大多数都感到迷茫和焦灼，不知道该怎么转。面对如此困境，有人开始质疑：对于传统出版而言，数字化究竟是天堂还是陷阱？出版社是否必须进行数字化转型？出版社有什么优势进行数字化转型？如果没有，为什么一定要避长扬短，徒做无谓的努力？这种质疑并非没有道理，如果无数人走同样一条路没有走通，难道不应该怀疑道路是否正确吗？

转型需要厘清的三个问题

笔者以为，讨论数字化转型的必要性问题，有几个前提问题必须厘清：一是纸书时代是否即将终结？二是数字化时代，出版社究竟有哪些竞争优势、比较优势？三是数字化时代，是否还需要内容的选择与提供？厘清这三个关键性的问题非常重要，否则我们讨论问题要么盲人摸象，要么各说各话。

关于第一个问题，纸书会死去吗？多年之前，就有专家断言：不出五年，纸书时代即告终结，引经据典，言之凿凿。但五年之后呢？现在已过近十年，纸书并没有死去。相反，不论是国外还是国内出版业，统计数据表明，纸书都呈现平稳发展的总体态势，并没有出现大的下滑，更没有到达所谓崩溃、濒死的边缘。根据《2013年新闻出版产业分析报告》，2013年，我国出版物发行总收入和利润总额同比双增12%以上，专家的预言在事实面前不堪一击。那么以后纸书会死去吗？我以为决不会。数字出版会部分替代纸质出版，但不可能全部取而代之。具有优质内容的高品质出版物，永远有其广泛的读者。

关于第二个问题，网络时代，出版社有什么优势？我们有资金优势吗？显然没有；我们有技术优势吗？更没有。那么我们究竟有什么优势呢？笔者去年参加中国出版政府奖颁奖大会，当时担任国家新闻出版广电总局党组书记的蒋建国同志在会上明确提出："内容是网络时代传统出版最后的、唯一的机会。"这种看法既切中肯綮，又振聋发聩。缺少资金，不能做数字出版平台；缺乏技术，不可能依靠技术领先取胜；我们唯一能够做的就是内容，这也是我们最大的优势所在。如果每个出版社都能够发挥各自的专业特色，不断为各个平台提供符合时代需求的优质内容，生产出具有优质内容的纸质书、电子书，那么每个出版社都将拥有生存的机遇和空间。

这实际上也回答了第三个问题，就是出版社的生存价值问题。在以海量信息为主要特征的网络时代，由于信息过于芜杂，而读者的时间和精力有限，所以读者更希望用最短的时间获得更多更有用的信息和知识，从而提高阅读效率。因此，网络时代，更需要内容的选择和整理加工。正是在这一点上，凸显了出版社的存在价值——不断地选择优质的内容并把它传播出去。只不过过去内容的载体只有纸质图书，而现在既可能是纸质图书也可能是电子书。出版社所承担的角色功能并没有改变。所以，虽然在网络时代，人们的阅读趣味和阅读方式在发生变化，但只要我们够专业，只要我们能够成为一个优秀的内容提供商，在整个网络产业的大链条中，就一定有生存的位置。

坚守"内容提供商"的角色定位

厘清以上三个问题非常重要。通过分析我们知道，纸质书不会消亡，纸质书与电子书将会长期并存，并拥有广阔的发展空间；在网络时代，出版社的最大优势仍然体现在内容的提供上，这和过去并无不同；出版社应继续发挥在内容生产上的优势，为读者提供更多更好的优质出版物（包括纸质书和电子书），从而显现自己的存在价值。总结起来一句话，出版社应坚守"内容提供商"的角色定位，心无旁骛地立足内容，做好内容，靠内容取胜。这是应对数字出版挑战的明智选择。

正因为如此，出版社不能轻言转型。一方面，图书市场并没有因为数字出版的冲击而萎缩，还具有很强的生命力；另一方面，纸质书目前仍然是几乎所有出版社的主要经济支撑，纸质书也是出版社最熟悉、最有经验的领域，我们决不能自轻自贱，轻言放弃。另外，要知道，数字出版首先是数字，然后才是出版，即首先是技术，然后是内容。很多人以为数字出版与传统出版只是隔着一张纸，其实隔着万重山，几乎是两个完全不同的行业。千万不要以为都有"出版"两个字，就是同一个行当，否则，就容易掉入所谓的"数字化陷阱"里。

"融合"而非"转型"

不转型并不意味着不改变，坚持做内容也不意味着无视数字技术、数字出版带来的新变化、新挑战。笔者以为，应该大力强调传统出版与数字出版的融合发展，"融合"而非"转型"，应该成为出版社解决发展问题的关键词。那么传统出版如何实现与数字技术的融合发展呢？

对于纸质书来说，如何做好内容，有几点趋势需要认真把握：第一，读者对优秀畅销书的渴望会越来越强烈，那些紧跟时代热点、符合阅读时尚、具有话题性和畅销潜质的优质图书将会受到热捧；第二，读者对经典常销书的需求不会因为网络出版的冲击而减弱、消失；第三，读者对纸质图书的装帧和附加值的要求会越来越高，可阅读性和可收藏性并重将成为更多读者的选择趋向。长江文艺出版社（以下简称长江社）前几年就提出"畅销＋常销"的出版思路，选题论证坚持"抓两头，控中间"，一手抓畅销书的出版，一手抓经典常销书的积累，坚决控制不好不坏、质量平平的"中间"选题，成效非常明显。同时，我们也注重提升图书的装帧品质，主要策略就是将以前以平装书为主的出版形式，转向平装书和精装书并重的出版格局。目前，长江社的平装书和精装书的比重接近6：4，精装书的销售整体看好。长江社近6年来，销售收入、净利润复合增长率均超过24%，近两年净利润增长率更达到40%以上，这种增长几乎全部来自于传统图书出版。这说明只要你能够顺应时代要求做出优质的内容，市场还是巨大的。

网络时代，人们的阅读介质必然呈现多样化特征，纸质阅读和数字阅读将长期并存。作为内容提供商，在考虑做好纸质图书的基础上，应该考虑如何利用自身在内容方面的优势，积极介入数字出版，生产适合网络阅读特别是手机阅读的电子图书。例如，长江社已经启动"中国好小说"纯电子书项目，这个项目一旦成功，就会为长江社在探索传统与数字的融合方面趟出一条路。因为"中国好小说"电子书可以源源不断地生产，因而这个项目就具有了商业模式的意义。

　　出版社做数字化出版，做电子书，必须注意几个问题：一是必须明确自己的产业定位，就是做内容的，是内容提供商，而非平台商、技术商；二是必须结合自己的专业特色和资源基础（包括编辑力量），考虑涉足哪一类电子书出版，不能想当然，不能无中生有。每个出版社都有自己的特色，不论是做大众的，做教育的，还是做专业出版的，都或多或少、或显或隐地具有一定的特色优势。我们应该在电子书细分市场发挥这些特色优势，像我们在纸质书市场一样，寻找最适合自己的"一亩三分地"。

　　传统出版与数字技术融合发展的第二个重点，就是如何充分利用数字化技术带来的便利，特别是要借助其强大的传播功能，提升我们的出版能力，做好内容的生产、推广、营销工作，实现内容的最大效用。比如，网络上每天都有成千上万件作品发布，这就为出版社选择内容提供了巨大的空间。出版社要善于利用网络上丰富的出版资源，从中寻找优秀的稿源。再比如，网络已成为推动畅销书生产的最重要媒介，一本畅销书，如果没有网络推力，是很难取得成功的。像张嘉佳的《从你的全世界路过》，如果没有网络的推力，能够卖出一万本就不易，但卖出了百万册，这种奇迹只有在网络时代才会发生。所以，出版社必须高度重视网络媒介在图书销售上的重要作用，熟悉各种网络营销手段，推广好我们的图书。

　　总之，面对数字化大潮的冲击，传统出版业不能惊慌失措、自乱阵脚。不能简单草率地进行所谓数字化转型，这种转型既缺乏现实可行性，未来前景又极其模糊。出版社要充分认识自己在内容生产方面的优势，坚持以"内容为王"，一心一意做好内容。在此基础上，要加快与数字技术的高度融合，充分利用各种数字技术手段，推动出版业改造，加快升级步伐，提升内容生产与运营能力。

（作者为长江文艺出版社社长）

新媒体时代，如何开创出版新局面

朱勇良

以数字技术、互联网、移动互联网为标志的新媒体时代的到来，使传统出版既面临严峻的挑战，又将获得难得的发展机遇。

传统出版面临的挑战

新媒体时代传统出版面临的挑战主要来自以下三个方面：

首先是大数据革命带来的挑战。目前人类社会正在进入大数据时代，数据集合规模已经从GB（GB及后面TB、PB、EB、ZB均为字节单位）到 TB（1TB=1 024GB）再到 PB（1PB=1 024TB），甚至到了以 EB（1EB=1 024PB）和 ZB（1ZB=1 024EB）来进行计算。这些规模庞大的数据来源于各运营系统的数据库。新兴的各类互联网应用更多产生的是半结构和非结构化数据，如网络日志、视频、音乐、图片、地理位置等信息。非结构化数据占比将达到整个数据量的75%以上。同时，大数据往往以数据流的形式存在，数字内容消费领域存在着日益"碎片化"的趋势。阅读内容"碎片化"和消费时间"碎片化"是一种不可避免的社会发展趋势。但是非结构数据绝大部分不属于传统出版，大数据和传统出版有相当的距离。阅读的碎片化也和传统出版现有机制产生比较大的冲突。传统出版在新媒体时代，首先要面对的是大数据革命的挑战。

其次是阅读载体革命带来的挑战。互联网快速崛起之后，国际上领先的出版商，包括约翰威立（John Wiley）、斯普林格（Springer）、爱思唯尔（Elsevier）等大都在20世纪末期就开始转向数字出版，经过10多年的发展，已完成了传统出版向数字出版的成功跨越，其数字出版收入占总收入的比例逐年上升，如爱思唯尔的内容66%以上是通过数字出版方式传输。这些出版商依托数据库，建立了成熟的专业化数字出版模式，如爱思唯尔建立了海量数据库Science Direct信息在线平台，斯普林格建立了数字出版平台SpringerLink 2.0。由此产生了阅读载体带来的第一次革命。

在传统出版还没有适应阅读载体第一次革命的时候，移动阅读以更快的速度和更大的规模冲击传统出版。早在2010年底，美国市场调研机构 eMarketer就发现，成人用户花费在移动设备上的时间已经与阅读印刷版报纸和杂志的总时间大体相当。2013年大陆人均纸质图书的阅读量为4.77本、电子书为2.48本，以现在的增长速度，电子书阅读量将在几年内超过纸质书。

根据中国互联网络信息中心今年1月在北京发布的第33次《中国互联网络发展状况统计报告》，截至2013年12月，网民规模达6.18亿。其中，网民中使用手机上网的人群占比由2012年年底的74.5%提升至81%，手机网民人数达到5亿。数据显示，2013年共计新增手机网民8 009万人，远高于其他设备上网的网民比例。

目前，虽然传统的纸质图书还有比较稳定的增长，但这是基于总体经济发展带来的增长。特别是传统的地面书店由于电子商务的快速发展面临世界性的萎缩。数字出版还会进一步走向全媒体化，过去出版主要针对文字、图像，今后出版将会在形式上呈现全媒体化。传统出版在新媒体时代，其次要面对的是阅读载体革命带来的挑战。

最后是经营主体的多元更替带来的挑战。新媒体时代总格局是，城里的人往城外走，城外的人往城里挤，传统出版在日益边缘化，产业经营主体迅速更替，走向多元。

2013年大陆数字出版产业整体收入2 540.35亿元，同比增长31.25%。其中，手机出版收入580亿元（含手机彩铃、铃音、手机游戏），网络游戏收入718亿元，网络广告收入1 100亿元。2013年，大陆传统图书出版实现收入776亿元，只有数字出版产业收入的30%。

在传统出版领域，大陆虽然已经有6个双百亿元集团，但在数字出版的转型方面也并不顺利，成效不大，数字出版收入占经营总量的比例与爱思唯尔等国际一流出版集团差距较大。支撑大陆传统出版业的教材市场未来将会面临电子书包的强烈冲击，而电子书包的经营主体大多并不在传统出版业。

艾瑞咨询数据显示，2013年大陆在线教育市场规模超过800亿元，2015年将达到1 500亿元，在线教育有望成为未来几年数字出版领域最大的一块蛋糕，亚马逊、谷歌、苹果、百度、腾讯、阿里巴巴等业外巨头都在纷纷进入。

传统出版业还尚未进入的网络文学也面临新的多元化格局。2014年，由于百度的介入，网络文学的商业模式有可能被改变，以广告盈利为主，内容趋向免费。百度将成为盛大文学最大的竞争对手。经营主体的多元更替是传统出版在新媒体时代面临的第三个挑战。

传统出版获得的机遇

传统出版在新媒体时代有无机遇？发展机遇在哪里？我们认为，传统出版身处新媒体时代，既面临挑战，又将获得难得的发展机遇。

机遇之一：新媒体时代带来全新的阅读市场。数字出版和传统出版不是简单的更替和置换，而是一个全新的市场。特别是主要面向年轻人的手机阅读，与传统出版基本不在一个市场平面上。事实证明，数字出版和传统出版是两个边缘交叉的圆圈，重合的部分比我们想象的要小。

数字出版启动了全民阅读新浪潮，极大地扩大了国民阅读天地，给传统出版业带来了前所未有的市场机会。传统出版规模在近20年中增长幅度不大。大陆出版图书品种1990年为8万种，2013年增加到44万种，增加到5.5倍，但总印数仅从56亿册增加到80亿册，只增加了42%，年均增长不到3%。而数字出版近年来年均增长幅度达到30%以上。智能手机出现后，阅读几乎成为浪潮，只有在手机阅读的意义上，全民阅读才成为事实。新媒体对于传统书业的意义，可以和印刷术的发明对世界文明进程的推进相提并论。

机遇之二：内容为王是永远的丛林规则。不管是电脑、阅读器，还是手机，都只是内容的载体，离不开内容的支持。传统出版的优势就是内容，制造和筛选内容是传统出版的法器。出版的品牌，也就是内容的品牌。目前，圣智、斯普林格、爱思唯尔、培生等大多数已经基本完成数字化转型的国际知名出版集团近年来都纷纷在大陆设立分支机构，这些机构除了销售原版图书外，还有一个重要任务，就是寻求中国学术著作资源。斯普林格与浙江大学、清华大学等出版社签约出版了100多种英文版自然科学著作，与中国社科文献出版社签约50多种反映中国国情和发展模式的社科学术著作。

机遇之三：新媒体时代催生传统出版新机制。新媒体时代将在竞争和合作中给传统出版带来全新的经营理念和管理机制。新媒体时代给传统出版最终带来的，应该不是必然衰亡，而是凤凰涅槃，在危机后重生。只有善抓机遇，及时地完成产业转型，才能获得新生，得到前所未有的发展。而传统出版要实现转型升级，应该把握好以下三个原则：

第一，坚持内容建设为根本的原则，即内容为王，强化品牌。传统出版是内容的服务和提供商，无论内容传播的形式、渠道怎么变，其核心竞争力都应该体现在对内容资源的获取、筛选和价值提升的能力上。在新媒体时代，传统出版的核心竞争力不但不能削弱，反而应该进一步增强，要努力突破固有图书形态的束缚，提升内容资源的服务能力，逐步实现从优秀图书生产能力向优质数字内容生产能力的延伸，实现从图书生产商到数字内容提供商的转型。在海量信息面前，读者往往只能靠品牌对内容进行舍取。品牌也是争取优秀出版资源的最有效力量，因此以优质内容树立一流的品牌是传统出版必须强化的着力点。

第二，坚持一体化发展路子的原则。传统出版的转型升级必须走多媒体出版、多介质呈现、多渠道传播的一体化发展路子，探索传统出版单位从目前的纸书单一出版模式向多形态、多渠道的复合出版模式转型，推动传统出版和新媒体在内容、渠道、平台、经营、管理等方面的深度融合。

第三，坚持以技术建设为支撑的原则。传统出版必须把技术建设和内容建设置于同等重要的位置，以新技术引领融合发展，驱动自身转型升级。新技术的应用将释放出难以想象的生产力。传统出版面对新技术、新媒体，一要有敏感，二要有勇敢，三要有情感，要以敏感的触觉、勇敢的精神和加倍的热情投入新技术的应用和开发，以技术建设推进业态创新。

（作者为浙江出版联合集团副总裁）

图书出版的倍增时代刚刚来临

马多多

我从小喜欢阅读，哪怕是新华字典都读得如醉如痴。大学毕业，进入出版行业，自行业记者开始，我按捺不住喜新厌旧的天性，先后以记者、编辑、广告销售、策划、发行、营销、出品人等各种身份，参与报纸、杂志、图书等新闻出版行业的各个环节，超过15年。2012年底开始，我又犯了喜新厌旧的毛病，一股脑扎进了互动娱乐行业，做了两年多手机游戏和数字阅读产品。由于我比较爱思考，借着这种跨界并深度参与的角度，竟然对出版行业产生了很多别样的看法。

出版业的新机遇来了。

电商的服务能力辐射农村市场

电商的服务体系，开始大面积扩张。比如京东，其服务能力已经能够触达广大的三线、四线城市，其服务网络还在一日千里地往下扩展。京东、亚马逊，我期望还有当当，当然还有天猫、淘宝的小伙伴们，他们对村镇市场——那个曾经让三株口服液、脑白金创造奇迹的地方，那个正在让华为、联想创造奇迹的地方——已经胃口大开，他们为农村文艺青年们提供更高效优质服务，指日可待。

移动互联网应用及消费的普及

移动互联网的发展，相对有线网络（不用拉线入户，不用非得配个叫做电脑的大家伙，而且还不好用）比较轻便，考虑到移动终端上绑定的基础通信功能，考虑到微信、QQ等社交媒体对于广大三、四线城市市场和村镇市场用户的移动互联网普及教育，加上山寨手机和华为、联想等国产低价智能手机的普及，在手机上下单买书，和买个假冒大牌的化妆品、包包一样，很快就会变成一种自然而然发生的事情。相信广大村镇市场上的青年一代，一定会因为手机移动互联网的普及让他们便捷地与更广阔的物质世界和精神世界联络起来而兴奋异常。

支付的安全正在得到广泛信任，没有多少人能够抵挡便捷的诱惑

移动支付体系的日臻安全、便捷，尤其是春晚和微信红包的联手催化，会让越来越多的70后、80后将银行卡绑定在微信和支付宝上。人家用红包里面的钱买谁的东西，就看谁下的功夫深了。

海量的UGC和海量草根作者

互联网技术的发展，令媒体样式变得丰富多彩，充分激发了全民的表达热情，很多文字爱好者、思考者、观察者，开始将他们对这个世界的理解写下来，并且自主传播。好的内容，通过社交媒体，总是能够找到为它喝彩和买单的人。受一个个小世界里积极健康的氛围影响——好的作品被点赞、被转发、被收藏，这让更多创作者表达的积极性爆棚，并开始出现前所未有的巨大创作群体。过去出版机构多少都会有些近亲繁殖嫌疑的内容来源，现在原创内容前所未有地扩大，也就是说，米呀，面呀，菜呀，肉呀……足够多了，就看你是巧妇还是笨丫环啦。

而且，这一代的写作者中，很多人源源不断产出，是出于爱好，出于自身表达的需要，出于对爱好者的认真回报，或者让更多人爱上自己，他们没有评职称的需要，更没有在一个机构里拔份儿的需求，或者要应对自我的一种身份感（比如作协会员），除了消费者、除了用户，他们不用将就谁。在这种状态下，百花齐放，万马争鸣，丰富多样，个性十足的好作品必将层出不穷。假以时日，好作品是不缺的，考验出版社的则是包容和欣赏的眼光、针对性的商业包装策划、创新的营销能力和持续的运营和服务能力。

基于互联网产生和传播的内容，形成天然传播基础

越来越多的内容，会因为互联网媒体而生，或者在第一时间将内容通过各种移动互联网产品通道，最快速抵达用户，并为其他样式的内容产品比如书，打好群众基础。一本书从作者写出第一个章节开始，为了赢得良好口碑，他就已经在汇聚消费者了，基于这本书的营销工作也已经铺开了，这个起点不知道比十年前的市场状况高出多少倍呢。

阅读的碎片化和社交化将培养更多读者

阅读的社交化和碎片化，是最让出版人受不了的现状，对这一点，我想说的很多。我并不期待那些一脸悲观的轻度思考者会和我一起期待，微信这种社交媒体的发展，给阅读带来的一种全新可能，哪怕只要能够稍微收敛一下对于社交媒体人云亦云的批判和浮泛的厌恶之情，都会有利于我们真正理性地思考问题。

而我恰恰认为，正是社交媒体的发展，才是图书出版可以倍增的最核心要素。

不看书的人一直都不看书，那不是微信惹的祸

我想提醒那些价值观逼仄的学者和行业中懒惰的夸夸其谈者，千万不要把中国人不读书的屎盆子一股脑儿都扣在那些尚在发展的

新事物的头上。我想说的是，那些不买书不看书的人，在微信出来之前他们也不看书，这一点，你问问身边的朋友就知道了。用了微信之后呢？谁知道呢！也许为了能在朋友圈里面长长知识，也会从轻描淡写地秀几句最近阅读了啥优秀读物开始，最终走上认真看一本书的上进之路吧！

为什么书非要是原来的样子

为什么书非要是原来的样子？我认为，图书创新才刚刚开始。

这么全新的一个时代，迷茫的群体，狂热地拥抱变化，他们很快就爱上，然后转眼就放弃。就像人们会瞬间爱上脸萌，然后转过头就彻底忘记一样，他们也会忘记用文字堆积起来的陈词滥调。恶趣味的笑话、重口味的消遣、大尺度的放纵……请原谅这个时代，年轻人就善于用别样的姿态，让老一代瞠目结舌。他们选择，他们表达，他们传播，他们将手机互联网技术作为武器，向上一代人脆弱的内心开枪、开炮，即使他们无心，但是那绝对是出于本能，绝对是出于对长辈们曾经无情管制的逆反。

悲观的出版人看到，消费者正在享受一顿免费的文化大餐。对不对胃口，读者自己知道，他们才懒得知道谁蚕食了谁的市场；乐观的出版人至少可以看到，一大波严肃阅读的读者，正在被以微信为主的社交媒体培养成型。

又乐观又聪明又充满创造力的出版人更是看到了图书出版的另外一种可能性，为什么书非要是书原来的样子？书曾经是龟甲，书曾经是兽皮，书曾经是竹简，书为什么非要是纸书？阅读为什么非要是方块汉字排成行的呆板模样，而不是由声音、图像和互动游戏构成的更为活色生香的样子？

我坚信，图书出版的革命性创新才刚刚开始，虽然还有些混沌，但已有了方向。个性化定制、全媒体出版等，一个个全新的概念，估计还在80后、90后出版人的脑子里孕育着，也在90后、00后的期待中孕育着。

倍增式的发展是产业有所担当的开始

最后，我想将文章的标题做个延伸说明，也是我关于这个行业的价值观。从内心出发，我最不愿意将图书出版业仅仅和具体的市场指标挂起钩来，不是胆怯，不是不爱钱财，而是觉得那样就有点自轻自贱。图书出版作为一个行当应当有自己的骄傲！

我相信，如果一个叫做图书出版的行业还有存在的价值，一定不是因为它创造了多少销售额，而是它孕育了多少个思想巨人，出版了多少即使几百年之后都必将是人类思想财富的图书，或者是它和这个时代最优秀的头脑一起，掀起过什么样的文化风暴。

我更愿意将图书出版行业真正的价值归结于：它能影响多少人

的心灵，让人变得更丰富、有趣，更勇敢、坚定，更有爱。

倍增式的发展，那只是一个产业能够有所担当的开始而已，我深信，对于一个有担当、有理想、有追求的产业而言，倍增式的发展，只是这个产业中的绝大多数从业者和企业组织能够找到自我的副产品而已，更何况蓬勃的整体经济和新兴科技已经为我们打好了基础。

（作者为知名出版人、策划人）

移动互联出版：颠覆图书的策划、生产与营销

张　金

今天，我们已经迈进了移动互联网时代。除了睡觉的七八个小时，我们差不多有十六七个小时生活在移动互联网中，包括上下班的路上和饭前、饭后。资讯传播碎片化和时间利用碎片化，使得移动互联网已经成为人们获取资讯、阅读作品和休闲娱乐的重要方式。没人会背着PC机走，而手机是人手一部不离身的。移动互联网已经成为我们身体的一种延伸。开玩笑地说，没有WIFE可以，没有WIFI不行！

如今，数字出版也在向移动互联网转型，PC端、电子阅读器都不再是主流，手机成为阅读的主要终端。传统出版社一定要适应移动互联网的发展趋势。

在PC机时代，没有人知道你是一条狗还是一只猫。网上书店、电商渠道为王，出版社没有自己的用户，用户在平台商手里。出版社对于终端用户沟通从来不考虑，考察的仍然是市场发行量，没有考察每个读者的特殊需求。同时，我们现在做的数字产品，技术含量极低，基本上是直接将纸书内容转格式、换终端、原版原式地阅读。而在移动互联网时代，网友是一个个活生生的人，有自己的手

机号，有自己的社交圈子。移动互联网时代是出版社与用户的直接交流，而非通过第三方平台。

但是，现在传统出版企业在做数字化转型时，常常误以为做了几个APP、与移动基地合作上线了几本电子书，就实现了数字出版转型。其实，这是错误的，应付业外人士可以，但对于出版业，这是没法交待的。

移动互联网时代，传统出版机构一定要注意以下几点：

一、要有掌控用户的概念

传统出版企业如果依然卖内容，将现有纸书变成APP等待用户付费下载或者与手机移动阅读基地合作分成，收入都会很可怜，也没有什么前途。

数字时代，一定要研究用户的需求，而不是从出版社需要的内容出发。根据用户的特点，圈定细分用户。比如阅读产品究竟谁在读、谁在用，他的需求是什么，他与谁在什么社交圈子分享交流。要与用户经常互动交流，提供产品，让其参与产品策划加工；维系用户，让其有分享感、成就感。其实，这也是营销的一部分。小米就是这么做的。也就是说，利用移动互联网的特点，实现产品策划、营销与销售一体化。

二、做全产业链

传统出版企业一定要实现全产业链运营，策划、产品、市场与用户无缝对接，实现与移动互联网深度融合。今天的数字出版，只是做了产品加工，而将销售给了电商、运营商和平台商，实际上只做了一半，没有一个企业做了全产业链的出版。出版社要想在未来赚到更多的钱，必须自己做全产业链。不能受产业链中下游的商人忽悠：出版社只需做内容，生产和销售由我们来做，你支付费用等分成即可。如果是这样，出版社将被边缘化，不能保证自己的收益。宁肯多花点钱，搭好自己的移动平台，有自己的技术人员，不能什么都外包，造成出版社的空心化。

三、收拢出版板块

在移动阅读时代，用户是分群组的。传统出版社要加速"期刊化"，从通过平台商销售各种门类的图书、电子书，转换为圈定细分用户，为他们提供细分的阅读产品，使他们成为类似期刊的订户。原因很简单，图书是离散的，期刊是连续的，移动阅读也要走读者化道路，通过用户不断消费来扩大影响力、实现经济效益。

收缩板块，表面上看好像是产品减少了，实际上是用户消费增加了，细分才能更专业。一千个忠实粉丝，胜过一万个不忠实的用户，正所谓"有所舍才有所得"。出版社可以通过收缩板块为读者提供个性化订制服务，促使他们连续购买，这样做，不但不会有用户的流失，还可以减少维护用户的成本。

四、产品重新加工

移动互联网时代是浅阅读、碎片化、娱乐化时代，长篇图书不适合整块搬上手机终端。因此，产品要重新加工，或编辑参与作者创作，从文章长短、话语表述方式上改变调整，从断句上就要考虑到手机屏的大小，适应碎片时间的手机阅读。另外，产品不限于手机阅读，还可延伸到手游；收入不限于付费下载，可含广告。

从技术上来看，基于苹果iOS、安卓系统的产品，都要开发。前者付费潜力强，后者基数大，成长性好。

总之，移动互联网时代给整个传统的出版业带来了巨大的机遇和挑战，我们要去研究、去适应。

（作者为科学普及出版社副总编辑）

2. 除了转型别无选择?

无论我们是否喜欢互联网尤其是移动互联网的社交、生活和娱乐方式,无论我们再怎么强调内容与价值之于出版行业的重要意义,我们都必须在新的时代做出选择。因为我们的受众和受众愿意接受的阅读方式已经发生了改变。传统出版除了转型别无选择。而这种转型不是表面上设立一两个部门像在河边散步一样试试水觉得太冷就马上缩回来,没有深入骨髓去理解互联网时代的变化,可能就会遭遇深入骨髓的寒潮。

正是基于这样的思考,我们在这一章选择的文章,有从生产模式变迁的角度呼吁传统出版业必须做出战略选择的论述,有认为出版业已进入"4.0时代"而结合自身企业特点进行探索的经验分享,有介绍关于学术出版、自助出版这些围绕具体出版细类的文章,有出版企业如何在生产流程和产业链方面进行数字化转型的建议,还有互联网企业运营的模式等。这些问题值得出版人认真研究和分析。我们试图用多种视角，展示出版人在转型路上的思考和探索；试图从不同方面告诉读者，传统出版业进行"选择"的专业化，形成自己的核心竞争力，是必须要解决好的问题。

在互联网时代"选择"将是传统出版的不二选择

吴培华

互联网时代,海量的信息、便捷的阅读方式,为人们的精神文化消费提供了无限的便利。出版业同样如此,从信息的数字化到网络出版,精神文化产品的产生、传播与消费的方式,这场革命几乎是颠覆性的。我们必须正视,而不能漠然置之;我们必须研究,而不能冷眼旁观。

笔者曾在去年与今年8月,分别发表了《从来就没有什么救世主——论中国传统出版业的坚守与变革》《我们走进的是"+互联网"时代——再论传统出版业的坚守与变革》,分析了在新技术时代,传统出版业所面临的发展态势,从宏观的角度提出了传统出版业的发展模式、应对的策略,明确指出了在这个时代我们的态度:既要坚守自己的长项和优势,又要努力变革自己,适应时代发展的潮流。

本文笔者将从微观的视角,针对互联网时代的新特点,指出传统出版业的编辑就是"选择",出版就是"提供"。我们提倡的服务,就是要为社会、为读者提供"选择"的服务,选择作者,选择内容，选择精品，这是以海量信息为基本特征的互联网所无法做到的。故本文以《在互联网时代"选择"将是传统出版的必然选择》为题，姑且作为"三论传统出版业的坚守与变革"吧。

一、"选择"就是发挥传统出版业的优势

在互联网时代，出版已经不再是出版社的专利，人们可以借助网络，随时发表自己创作的文字，谓之网络出版，对传统出版形成了巨大的冲击。由于网络媒介的快捷便利，其传播速度之快、传播面之广，确实让传统出版陷入了史无前例的危机之中。显然，网络出版与传统出版最大的区别是：前者不经选择，人人是作者，人人是出版者，所以它的信息是海量的，传播是快捷的；后者是必须经过选题的论证、编辑的整理加工，它让信息成为有用的知识。所以，在互联网时代，"选择"与否，几乎成了网络出版与传统出版最显著的区别标志之一。不经过选择，鱼龙混杂，良莠不齐，即便也许有真的金子，也会被淹没在泥沙之中。而"选择"，正是传统出版的本职、本能、本行，从某种意义上说，编辑就是"选择"，选择好的主题，选择合适的作者，选择好的表现形式，选择合适的读者对象。"选择"在这个意义上，让传统出版具有了无与伦比的优势。而互联网时代的本质特点，更凸显了选择的必要性。不管是网络出版，还是传统出版，其主语还是"出版"，而出版的对象，就是内容，离开了内容，一切出版就没有了任何的意义。就其本质

而言，出版就是"提供"，编辑出版就是把经过"选择"的内容，通过经过"选择"的作者"提供"给合适的读者对象。内容是必须经过选择的，"选择"既是传统出版特有的优势，也是在互联网时代传统出版的必然选择，而"＋互联网"正是传统出版"选择"的必然手段。

借用某位伟人曾经说过的，选择就是要经过"去伪存真、去粗取精、由浅入深、由表及里"的改造制作功夫，选择就是要独立思考，选择就需要独立思考。记得听过犹太人讲过一个故事：有个犹太人开了一个加油站，因为地理位置好，车来人往，生意很好；另外一个人去了，他在加油站边上开了个便利店，因为车来人往，生意也很好，而且大家相安无事，相得益彰。可要是在我们这个环境下就不同了，一看加油站生意好，肯定在对面也开一家加油站，美名其曰竞争。竞争，我们经常是同行竞争，而不是错位竞争。在出版业，缺乏独立思考、缺乏创新能力，跟风出版、重复出版在中国的图书市场大行其道，问题就在这里。

出版的实践告诉我们，精品就是在独立思考的选择中产生的。

互联网的产生，让我们进入了大数据时代。大数据时代海量信息的特征又从另一个层面说明了编辑选择在出版中的重要性。我们今天的大数据时代不仅面临查不准——数据快速增长导致虚警输出规模超出人工处理的极限能力，防不住——数据规模的急剧扩大进一步凸显传统预警分析技术的困境，也将迎来"存不起"的挑战，解决和提高存储与清理能力的问题就成了今天的技术难题。

据统计，互联网流量全球新产生的数据已经达到年增40%，全球信息总量两年就可以翻一番。2014年人均流量为每月1万MB，而在2000年仅为每月10MB；2013年全球互联网流量每天为2.7EB（全年985.05EB），而2001年一年仅为1EB的流量（1EB的容量可以刻满1.68亿张DVD）。快速增长的存储规模和投入已经成为制约，除了继续解决存储硬件开发，提升存储空间能力，再就是必须加大对数据容量的压缩、理解和清理，因为其实这些数据90%是无须存储的，但目前的处理能力跟不上，要么存着，要么扔掉。除了提升存储空间的能力，还有就是必须提升数据处理能力即如何筛选、抽取、归类、存放——而数据处理其实质就是一个选择的问题。

有位经济学家说过，在相当长的时间里，电脑不可能代替人脑，不管网上有多少大数据，它对客户信用的评价并不精确，有误差，线上永远代替不了线下。只要电脑代替不了人脑，决策就必须依靠个人的经验与判断，因此不相信互联网公司可以通吃。我也不相信在未来的时代，谁掌握了大数据，谁就占领了未来的制高点。科学是有边界的，解释力和预测力都极为有限，不管未来如何发展，这个世界总有相当大的部分是我们无法用数据和模型来解释的。

科学技术、经济发展规律如此，那以内容产业著称的出版业就更是如此了。

二、专业化的"选择"将成为传统出版业发展的必然追求

在我进入出版业3年后发表的第一篇关于出版的专业文章《编辑管理体制改革势在必行——兼论大学出版社如何实行企业化管理》中我就指出："大学出版社尤其是新建的大学出版社,必须发扬团队精神,选准自己的定位,打阵地战,逐步形成自己的特色,在激烈的市场竞争中占有自己的一席之地。否则,将经不起任何风浪的冲击,其后果将是不堪设想的,这应该不是危言耸听。"

在16年前,我在我的第一篇在业内产生了比较大影响的文章《世纪回眸,我们更应该看到些什么——中国出版业问题探究》中第一次提出了专业化的问题,"练好内功,依靠专业化、市场细分和营销的加强去实现内涵扩张,达到逐步建立特色和树立品牌,从而为后阶段的规模竞争积聚实力,锻炼队伍"。

之后,我连续在关于大学出版社发展研究的系列论文中,始终以"专业化""特色化""品牌化"这组关键词论述了大学出版社的发展之路。如果说,在10多年前我们强调专业化,那是为了能在自己熟悉的领域里找到自己的定位,开辟自己赖以生存的根据地,后来又在相当长的时间内,我们终于"冲破"了专业分工范围,希冀自己的出版范围更宽更广,那是为了拓展领域、扩大规模、做大体量。存在自然有它的合理性,在历史的某个阶段,呈现出的某种形态模式,也自然在特定的历史阶段发挥了它应有的作用。那么,

在互联网时代，我们重提对专业化的选择，决不是简单意义上对历史的重复，而是在新技术条件下传统出版业发挥自身优势、参与竞争、适应互联网时代发展的需要。

在互联网时代，我们必须学会选择，选择就必须独立思考，就必须强调专业化。只有专业化，才可能有正确的选择，才可能作出正确的选择。以大学出版社为例，我一向认为，大学出版社由其依托高等学校的特点决定了她的发展之路必须走特色化专业化的发展之路，必须以其无可替代的品牌产品在中国出版业占据相当重要的地位，树立特色和品牌应该成为大学出版社发展模式的核心内容。而专业化、特色化到品牌的确立，是一个环环相扣的关系链。只有在专业化的基础上才可能形成真正属于自己的、稳固而有前景的特色，靠"东一榔头西一棒子"的游击战是不可能形成特色的。品牌的出现，是特色化发展的必然结果。完全可以这样说，专业化是特色化的基础，特色化是专业化追求的目标；而特色化对于品牌则是孕育产儿的母体，品牌的出现就是特色化发展的极致，是特色化的标志物。

专业化的"选择"已经成为互联网时代传统出版业发展的必然追求。特色、创新、品牌、精品无一不是来自于专业化。只有在自己熟悉的领域里，在自己长期精耕细作的领域里不懈探索、劳作，才有可能创新，才有可能形成自己的特色，才可能打造出只属于你自己的品牌产品群，从而稳操在某个领域里的话语权，引导它的发展潮流。

对于一个出版社来说，专业化的"选择"，是关于出版企业的整体规划的发展战略。清华大学出版社作为一个国内著名的教育类以理工著称的大学出版社，在"十三五"规划中，将继续依托清华学科优势，去创新强势品牌，对教育、专业、大众三大板块进行整体规划。尤其是应打好教育牌，锻造完整的教育产业链，在"专"字上做足文章。优化结构就将在专业化的前提下开展，突出清华的强势板块，形成自己的特色产品群，并以此作为引领；在相关领域强调占领制高点，打造优势板块，并以此作为基础；以高起点的定位，加强弱势板块建设，并以此去拓宽自己的领域。我们将继续以明确的发展理念为导引，抓发展高起点——要话语权；抓品牌产品群——业态聚集；抓质量"高大上"——精品目标。依托清华的学科品牌优势，打造我们的核心竞争力，将是我们"十三五"规划的战略目标。

笔者十分赞同许小年先生的观点，核心竞争力不仅仅是你特有的竞争优势，核心竞争力也是你的竞争对手难以模仿的优势。你不能说我有一个竞争优势，我今天把这个产品一推出，明天我的竞争对手全仿制了，这不是核心竞争力，这只叫竞争力，不能叫核心竞争力。核心竞争力是什么？你的竞争对手，看到了也无法模仿，或者说无法轻易被模仿。对于一般的企业产品来说，核心竞争力就是具有技术壁垒的技术产品或者商业模式的优势。他的观点，对于我们出版也具有同样的意义，在我们特有的优势领域里，以不可替代性确立自己的地位，这就是核心竞争力，我们需要打造的就是这样的核心竞争力。

对于一个编辑来说，个人专业方向的选择，不仅基于自己的学科背景，也基于自己的兴趣、能力所及的领域，在自己所熟悉、所擅长的领域去做自己所熟悉的东西。也就是说，必须有一个定位的问题。所谓定位，实际上还是一个专业化的问题。如前所述，要优化一个出版社的图书结构，除了要有一个相对稳定的战略发展规划，还要强调专业化的问题。强调专业化的发展，实际上就要求我们无论是出版社、编辑部还是编辑个体，都要认准、选准自己的一个发展圆心，这同样是一个选择的问题。然后根据自己的专业背景、专业发展兴趣和能力，确定自己的发展半径，在这样的基础上形成的圆辐就是自己发展的领域，就是自己的能力能够达到的势力范围。圆心必须相对稳定，才能画出自己的圆辐。要稳定圆心，就必须学会舍弃，必须拿得起、放得下，必须有所为有所不为。只有这样，才可能形成一个稳定的圆心。也惟有这样，才会有更多精品的出现，才有品牌产品群的形成，才能打造成属于自己的优势板块，结构的优化正是在这样的进程中得以实现的。

每个编辑都应该确立这样的理念，努力多出一些文化精品，为我们的时代，为我们的企业，也为自己留下一些能够回味的文化产品，在自己的有生之年能够做出哪怕是一两本"比人长寿的书"

来，这也许就是现在所说的"精品力作"吧。在今天这样物欲横流的时代，我们的出版人更要坚守自己的职业道德，坚守自己的职业理想。

笔者一向认为，一个名社，它一定是由两个方面组成的。一个是名品，也就是好书；一个是名编辑，也就是好编辑。不管是集团还是单体社，没有了精品和名编辑，你的效益再好、利润再高，也不会被历史所记载。任何一部出版史，一定是由名书、名编辑、名社写就的。最近，中共中央办公厅、国务院办公厅下发了关于把社会效益放在首位，实现社会效益与经济效益相统一的意见，正是对出版业与出版人提出了这样的要求。

三、"选择"的专业化将成为传统出版业前行的重要手段

专业化的"选择"是对内涵的追求，而"选择"的专业化，则是对企业经营机制、发展途径、队伍培养的要求，是一种选择方式上的要求，这对专业化的"选择"将起到保障和推动的作用。

出版的专业化将是互联网时代绝大多数中小型出版社，尤其是大学出版社中的绝大部分社的发展之路。承前所述，所谓专业化，就是在自己熟悉的领域做深度文章，全面扩张战略必须收缩。成功首先要学会舍弃，俗话说"舍不得孩子套不到狼"，要有所为有所不为，改变全面出击的战略方针，做有计划的战略收缩，是专业化特色化的需要。"东一榔头西一棒子"的经营思路和模式在互联网

时代就更显得不合事宜。惟有在"专"字上做文章，别人才无法替代，惟有"专"，才可能"精"、才可能"深"，出版资源才可能得到充分的利用，特色和品牌也就因此呼之欲出了。因此，出版企业的经营模式必须建立在这样的基础上。

走专业化道路，就是必须做深度文章。专业化，也就是在自己所熟悉的领域，这是客观上的优势；改变了全面出击的战略方针，就有可能和有条件深入到自己所熟悉的领域。尽管因为其"专"，读者和市场会受到一定的限制，然而，也正因为它的"专"，别人也就无法替代；正因为它的"专"，也可以静下心来在"专"字上大做文章，经过深度开发、立体开发，自成一番天地。例如，西北工业大学社的"三航"（航空、航天、航海）特色，大连海事大学社的"海事"特色，中国矿业大学社的"煤矿"特色，石油大学社的"石油"特色，北京大学医学出版社的"医学"特色，北京语言大学的"对外语言"特色等，他们具有自己独有的优势，他们的领域别人几乎是无法涉足的。根据这样的特色优势探索自己的经营模式，别人是无法模仿的。当然，传统出版需要新技术，应该运用互联网、大数据进行选题调研和论证，运用新的管理系统加强对流程的监控管理，尤其是运用大数据对印量、营销、库存进行测算和监控，创新自己的经营机制，正是传统出版业面临互联网时代刻不容缓的新课题。

互联网时代尤其是移动互联网的广泛应用，数字出版已经不是一个概念，同时它也绝不是简单地将图书内容从纸介质转换成数字介质那么简单，它带来的变化和冲击确实是一次颠覆性的革命。出版平台日常工作，不再局限于一本本图书产品——调查具体图书产品的市场需求；联系作者，组织具体图书产品的编写和编辑工作；图书出版之后，围绕具体图书产品开展营销活动。出版平台从以内容为王的产品型公司转型为以信息服务为王的服务型公司之后，数据服务的特性，导致出版平台不再局限于具体细分领域考虑工作安排，而是从围绕客户工程实践需求的大格局出发，建设海量、全品种、跨专业和跨领域的知识资源库。出版平台的规划和生产组织，更偏重于"大项目制"下复杂的组织和管理。对市场信息调研、知识库生产组织和管理等，也将更精细、更严密。这确实直接打破了出版行业诞生以来的生产组织模式。

这是知识生产领域第一次真正意义上的社会化大生产。出版行业在信息技术高度发达的今天，才有了迈入科学生产、智能服务的技术基础，才有了步入社会化大生产的基本特征。我们应该抓住机遇，在重新洗牌的过程中掌握主动，取得先机，才有利于我们在新形势下的发展。

然而，追根求源，在新技术时代，最核心的问题还是一个"人"的问题。时代需要好编辑，事业呼唤有理想追求、具有复合型能力、能掌握运用新技术的好编辑。因为互联网的广泛应用，强调编辑知识博、杂的时代已经过去，我们需要具有专业背景的专门化人才，这就给我们今天的出版业提出了新的要求：要求管理部门关注人才培养，创造好的用人环境；要求出版人尤其是社长总编要带好团队，培养人才，留住人才；要求高校以及企业实体与出版业要紧密联系，培养出适应时代发展的出版业急需的人才。

同时，由于互联网的应用，产品营销面临的变革同样是具有颠覆性的。在互联网时代，出版业将重铸新型的社店关系，无论是线上的网店，还是线下的实体店，都面临着一个真正意义上的"选择"。

传统的书店，为读者提供的也是服务，而这个服务的特性恰恰也是"选择"。为读者选择精品，为合适的读者选择合适的读品。在互联网时代，出版与书业恰恰在提供服务——为读者提供精品的服务上走到一起了，唇亡齿寒的新型社店关系将重新铸就。那种看看书名与装帧形式就能决定图书上架与否，那种缺乏判断分析能力却掌握图书生杀大权的业务员，那种依据出版时间喜新厌旧的图书退货方式都将成为历史。对出版社来说，出版选择就是选择合适的作者、合适的题材、合适的表现形式；对书店来说，就是选择合适的产品提供给合适的读者。通过"互联网＋"，运用大数据，针对不同层次、不同需求的读者提供适合他们的出版物，所谓订货也好、主发也好，都必将有个"选择"，也必须有个选择。这是出版业的流通渠道在互联网时代必须面对的一个崭新课题。

　　"选择"——是传统出版业在互联网时代坚守与变革过程中的不二选择。

（作者为清华大学出版社总编辑）

出版数字化与产业链衍生
——出版企业数字化转型的两个重要方面

佘江涛

经过多年的摸索和实践，我认为，出版企业数字化转型的本质是形成多媒体内容生产和多媒体发布能力，形成移动互联网基础上的文化数字产业链和生态圈。因此，在转型过程中，应积极推动出版数字化和以出版内容为核心的产业链衍生。

出版数字化：将数字化渗入纸书生产的全环节

所谓出版数字化，是指通过数字技术手段和数字信息（大数据），升级传统出版的整个流程，打造数字技术加强型的出版版块，实现数字技术对纸质出版的O2O服务，使传统图书具有数字化的特性。

出版数字化与传统纸质出版贴合紧密，对于当前出版业具有非常重要的意义，因为纸质出版依然有一个巨大的存量市场（近1 800亿元码洋的总盘子，内含近550亿元码洋的零售市场），许多内容和相应的阅读依然需要纸质终端，并适合纸质终端；而且，大部分出版企业依然是以纸质出版为基础的文化企业，依然有一支庞大的纸质出版团队。对于很多传统出版社来说，从出版数字化入手推进数字出版更具有可行性和操作性，有助于在数字化的大潮中首先站稳脚跟。

因此，当前要使数字技术和数字信息（大数据）渗透到纸书的内容、制作、营销、发行各个环节，全面实现纸质出版的数字化。

在内容制作环节，应融入数字技术以更好地呈现纸书的内容。把可以和需要视听化的图书采用数字技术升级，并且和图片资源库、视频资源库的建设衔接起来。在低幼读物、生活保健、语言学习、艺术教育、教材教辅等图书的内容制作上适量采用二维码和移动终端互动的数字技术，在图书中嵌入音频、视频和附加内容，使它们具有多媒体电子书的功能；同时采用纸质书、不同版本的电子书、APP客户端内容之间的互动，形成营销宣传链，提升纸质书的吸引力和销售量。

在营销发行环节，应借助数字技术努力将产品的传播、推广做到极致。首先，通过数字化管理系统加强出版的计划性，特别是重要图书出版的计划性，实现编辑部门和营销部门的信息对称；其次，应通过官方微博、微信、APP客户端的信息推送，形成核心读者生态圈，把营销活动提前到图书制作和出版之前，通过热点、看点和卖点的营销，使所营销的图书成为公众关注的对象，增值图书信息，延长图书的市场生命周期；再次，在重要图书大批量付印之前，利用数字按需印刷的技术，印制试读本，在核心阅读团队里形成传播中心，再根据市场各方反馈，完善大批量印制的版本，确定比较靠谱的印数；最后，利用好网店平台，做好精准的营销、销售和服务。

以出版内容为核心的产业链衍生：全面实现内容增值

在做好出版数字化的基础上，我们就更有条件，也更应该关注以出版内容为核心的产业链衍生问题。

产业链衍生包括数字内容的版权运营，向游戏、影视等互动娱乐形式的发展，内容阅读与网上服务、广告、电商的一体化运营等，本质上是以纸质内容为基础，形成全媒体内容和全媒体发布的文化生态。通过产业链衍生，既延长了内容的生命周期，又使得内容具有了更大的附加值。

出版企业首先要意识到，多媒体内容建设是产业链衍生的基础，因此要尽快建设各类实用图片库、音频和视频库，以及各类专门的多媒体内容库。

同时，要根据条件，稳步涉足影视、游戏等互动娱乐业务。一方面要意识到这方面业务对于出版业转型的价值，积极推动；另一方面，要充分意识到影视、游戏等业务投资规模大，变数多，具有一定的风险，从而在具体操作中增强风险意识，稳步推进。

最重要的是，要把具有版权和长期多元使用权的优质内容资源作为资产，加以充分利用。文化创意产业本质上是多元版权运营的产业，出版企业应该是优质内容资源、多元版权的汇聚者，是这些版权的集成者、使用者、参与者。内容的版权和多元的使用权是传媒产业的主要生产要素。对每一种内容我们要研究获取它什么类型的权利，从而根据这些权利去进行全媒体运营。

对出版数字化和产业链衍生作用的认识

在出版企业数字化转型过程中，之所以特别强调出版数字化和产业链衍生的作用，主要因为这两方面都与出版业作为内容生产行业的本质属性密切相关，与出版企业的优势紧密结合；更应看到的是，出版单位做数字出版一直苦恼于找不到商业模式、盈利模式，而出版数字化、产业链衍生与传统出版的商业模式具有较强的关联性，因此也更易形成清晰的商业模式和盈利模式。

凤凰传媒在近几年的数字化转型工作中，通过推动出版数字化和产业链衍生，取得了较多的成果，对数字化转型产生了推动作用。比如，与凤凰传媒核心的基础教育教材出版相结合，已经开发了多媒体、全系列的数字化教材，大大丰富了教材的内容和呈现方式，也使得教材内容与当前数字化学习的各种载体实现了有机结合。通过并购、自建等方式，凤凰已经拥有了三家影视公司、三家游戏公司和一家版权运营公司，成功地进行了多种优质内容的全媒体运营。同时，凤凰已经进行了试题库、图书资源库、图片库、视频库等多种内容资源库的建设，为内容生产提供了较为有力的支撑。

当前，出版业的数字化转型依然任重道远，凤凰传媒也是重任在肩。未来的几年中，凤凰传媒将在认真研究、分析行业和集团情况的基础上，继续着重在出版数字化、以出版内容为核心的产业链衍生两方面用力。

（作者为江苏凤凰出版传媒股份有限公司副总经理）

智能化"出版4.0"时代的对策

李　旭

中国正在迈向"全民在线"的阅读时代。据统计，2014年中国移动阅读用户规模达到5.3亿人，占整体移动互联网用户数量的91.3%。

可以说，目前中国正在步入"出版4.0"时代。所谓"出版4.0"，是在工业4.0和互联网4G技术的大背景下提出的，与智能化的工业4.0相对应，出版4.0也是一个智能化出版的新概念，是基于大数据、互联网、3D技术、手机和互联网4G时代的一种新的出版业态和生态。它是一个内容选取与发布自动化、呈现与发布方式智能化，出版的生产者与消费者可以互动、定制的高科技全媒体智能化互动出版时代，是传统优质内容与高科技呈现技术融合的产物。"出版4.0"的表现特征，也是它与传统出版不同的地方，是出版内容呈现和传播的高科技化。那么，作为内容生产者的出版机构，应该如何应对"出版4.0"时代的到来？

"出版4.0"时代的产物

"出版4.0"时代的产物就是新兴出版。所谓新兴出版也就是"互联网＋"式的新出版，基于出版数字化、网络化同时又是全产业链衍生、延伸、拓展的一种新生态。内容碎片化、可多媒体终端传播，但优质内容的重要性不变，只是形式的改变，如一种内容元素的全媒体制作、发布，全产业链开发。

传统出版与新兴数字出版的区别是什么？首先，二者相同的一点是优质内容永远是核心。相同的是可以是同一个题材、同一段故事，但不同的是这同一种题材或故事，以前只是用纸质书、光盘来讲，现在是要根据多种传播渠道的不同需要，做成有声读物、手机阅读、音频、视频、影像、3D、4D、微电影、二维码扫描阅读等。纸媒变成多媒，纸介质变成多介质。

数字出版既包括传统出版内容的文图的数字化转换，比如电子书等，也包括视听（影频音频等）等形式。"互联网＋"时代，数字出版不再是传统出版商的专利，三类厂商都在竞争中国乃至全球的数字出版市场：一是传统出版商通过数字化转型，提供数字化的阅读产品；二是技术开发商运用技术优势，整合内容资源并进行数字化；三是渠道运营商利用强大的用户资源和营收渠道，支配技术开发商和内容提供商，将数字内容纳入自己的销售业务中。然而无论如何，优质的内容永远是产业的核心。

"数字出版"的提法仍是从传统意义下的出版者的角度来说的，从真正现代意义上的数字化应用角度来说，讲"数字阅读"更为准确。数字阅读、数字视听说到底是一种大众服务，即便那些提供医疗、交通、咨询之类的"专业"服务品，也不过是努力在大众中截取、圈住一部分，然后在这一部分"专众"中，提供大多数"专众"所需要的产品或服务，数字阅读就是建立在大众阅读基础上的分众阅读，在分众中追求"分大众"的最大化。

专业化是数字化的内容基础

　　"分大众"为数字产品和数字阅读的开发商提供了生存的空间和理由，而建立在专业化基础上的规模化内容积累，是数字出版成功的基础。

　　例如，我曾在安徽人民出版社做政治类主旋律图书，对政治理论读物也要进行"专业化"再造。在通俗哲学、马克思主义中国化、社会主义核心价值观、中国崛起发展、中共党史、干部通俗理论读本等几个主要理论读物门类中，也要选取自己的主攻方向主打领域，在一种产品线上做精做深。遍地开花、广种薄收的传统作业方式，在数字时代是不合时宜的。于是，我们针对这类理论读物开发了"中国理论读物阅读网"，还开发出类似电子书包那样分类打包各级各类公文内容的"电子公文包"；运用到移动端则是开发了"掌上公文包"这样的数字产品。中国出版集团的"掌上百科"已经实现盈利，为我们提供了这方面的成功经验。

专业化是数字化的内容基础。在数字出版与上述思路的对接上，我们是怎么做——甚或至少是怎么想的呢？

其一，是常规数字出版项目的策划。社里安排我分管全社的数字出版，同事们边干边学，边学边干，把收集到的上千页数字出版资料库与大家分享。在去年单位取得互联网出版资质的一个月内，我召集七八个年轻人分头起草项目报告，在多家出版社中第一家向上市企业和省有关部门提交了10项数字出版项目策划案。这些项目策划案包括："数字出版自助系统"；"全民心理健康"在线课堂；"全媒体世界遗产"工程之"数字殷墟"；把各种地方文化集于一网的"阅读安徽"互动阅读平台，有声版安徽著名诗文、著名景点解说词、人文故事片段等地方文化有声读物等。这些也都是走"专业化"发展思路在新出版上的体现。

其二，作为数字出版重要形式之一的数据库的开发。我们结合安徽本地丰富的文化资源，开发出了"安徽文化数据总库"，其分支内容包括徽文化数据库、徽商数据库、安徽非物质文化遗产数据库、徽菜数据库、安徽历史文化名人数据库、安徽红色资源数据库、安徽历史文化名城数据库等。当然，其中的不少内容都是本单位已经出版的项目："徽文化全书""徽商金言丛书""徽骆驼丛书"《淮军》《胡适家书》等纸质版出版资源。像这类具有地方特色的数字出版资源开发，是每个省（市）的地方人民社都应该做的。其中，不少专题数据库需要与对口机构联合开发。

其三，我们给自己制定的阶段性转型目标：短期目标是在全国几十家地方人民出版社中，率先在数字化转型上策划好一批数字出版项目，努力成为示范单位，得到原国家新闻出版总署的示范单位资金支持。中期目标是机构上实现由"出版社"向"出版网""阅读网"的转型。第一步是"出版网"最终走向"阅读网"，为大众提供优质、个性化的阅读推广增值服务；功能上实现由纸质出版向数字出版、数字阅读服务的转型，人力上实现从传统编辑向现代数字编辑的转型，部门结构上努力实现每个编辑室都能结合自身专业优势创办一个个特色网站。我们的远期目标是十年之内百分之七八十的业务都转型为数字出版和数字阅读服务，成为一家专业化的大众出版、阅读服务推广机构。

做独一无二的数字产品

总之，新兴（数字）出版已是大势所趋。互联网作为一个工具、一个渠道、一个基础设施，到今天形成一个经济体，在中国用了20年时间。除了要正确理解"互联网＋"的概念，既不能局限于一地、一省、一国，也不能局限于一个、两个、三个行业，更要知道"互联网＋出版＋"。其中，关键是出版后面的"＋"字。这个"＋"主要是加上作者、读者的生活、生态、生老病死，用网络为出版圈的人们建一个全方位的生态链。但同时也应清楚"互联网

＋”的问题，也就是要创新，原创，打造互联网上的稀缺产品、精品、极品、个性化的独一无二的产品。

李克强总理表示："我想，站在'互联网＋'的风口上顺势而为，会使中国经济飞起来。"数字出版产业就将是这样一个互联网的风口，数字出版和移动阅读将是最先实现全民阅读的地方。"出版4.0"时代，5亿智能手机用户，你准备好了吗？

（作者为安徽出版集团时代新媒体出版社总编辑）

来出书网：自助出版的新尝试

唐学贵

　　近年来，数字信息技术迅速发展、网络新媒体快速崛起，使得传统出版社正面临前所未有的挑战。图书出版市场无论是内容、渠道还是运营模式，都由过去的出版社主导转变为读者主导。如何组织、策划富有社会和市场价值的内容、以何种形式和渠道发布，以及如何运作盈利成为每个出版社必须要思考的问题。在当前的市场形势下，传统出版业日渐显现出选题主体错位、绝版与库存并存、信息分散等诸多弊端。在大数据时代，传统出版必须向数字出版转型升级，也只有与数字出版融合发展，才能更好地履行提供文化消费内容的社会责任。

　　基于此，很多出版社开始了数字化转型升级方面的尝试。知识产权出版社的"来出书"图书出版平台（以下简称"来出书网"）就是我们面对出版业数字化转型升级的战略性布局，用互联网思维和现代信息技术改造传统出版业的创新性举措，对新的出版形式进行的有益探索。

初衷：预判未来出版业的盈利模式

来出书网于2014年3月1日正式上线运营，平台产品线以"来出书""来买书"为主干，"来文库""来印刷""来＋盟"等为枝干，并随后开通了微信、微博等自媒体平台，百度SEM、SEO也在陆续展开，针对高校、科研院所的点对点营销也已同步展开。相关的自动化工具如编辑加工软件、封面设计器、在线阅读工具、实时交流工具、移动终端阅读工具同步开发或采购；实现了"来出书"平台、北大方正的编辑加工系统、清华同方的内容资源管理系统、ERP系统、按需印刷系统的有效联接。

概括起来说，来出书网就是借助互联网思维及现代信息技术，运用平台化、社区化、免费、O2O、众包等商业模式，打造的集聚庞大用户资源，实现图书投稿、编校、发布（含印刷）全流程自动化、数字化，传统出版与数字出版融合发展的图书自助出版平台。它不仅是我们针对目前出版业存在的弊端和面临的挑战做出的应对反应，更是对未来出版业的盈利模式进行的预判和铺垫。

来出书网成立的初衷是实现以下效应：

第一，图书出版平民化。一方面，要为专家、学者等传统意义上的作者提供出版服务；另一方面，要为草根或平民"私人定制"出版提供服务。破除出版壁垒，把出版资源公开于人人可用的网络，真正实现出版社传播知识、智慧和艺术的社会功能。

第二，图书选题市场化。在国家法律法规和出版政策允许的前提下，以市场为导向确定图书选题。

第三，图书出版数字化、自助化。通过来出书网形成的出版流程将全程在网络平台上完成，作者借助网站提供的工具进行编辑、排版和美术设计工作；通过网络与出版社工作人员沟通，全程参与出版流程，并可有针对性地选择网站提供的专业服务。来出书网还可以实现纸质书和电子书的同步出版，针对出版数字化转型升级做出了新的尝试。

第四，图书印刷按需化。在来出书网上，享有相关权利的图书均可以借助数字印刷技术和设备实现"先销售、后印刷"的按需出版。按需出版是出版业的发展趋势之一，不仅可以实现图书零库存"绿色出版"，同时也避免了部分图书的断版现象。

第五，图书数据整合化。来出书网作为知识产权出版社自建的出版平台，可以最大限度地实现数据整合，把出版业单纯的内容经营提升到版权、数据库、知识服务的更高层面。

（作者为知识产权出版社总监）

AR技术助推童书新变革

盛　娟

宇宙飞船腾空而起，霸王龙和三角龙进行激烈搏斗……这些景象都可以通过手指操作图书呈现出来。近日，接力出版社和北京市东城区图书馆共同举办了"乘坐'香蕉火箭'，暑期阅读新体验"活动。小读者现场体验图书中设置的AR（增强现实）技术，实实在在地过了一把"高科技"瘾。

下载相应软件，用手机或者pad扫一扫书本，立刻能体验到鲜活的立体影像和音像效果。从中不难发现，童书出版商已经开始使用新的技术手段，使得图书变得立体化、互动化。这种新的出版模式开始在童书出版中悄然兴起。"增强现实""纸书变立体""虚拟与现实结合"等新功能都逐步在童书中得到体现。

AR（Augmented Reality，AR）技术，即增强现实技术，是一种实时计算摄影机影像的位置及角度并加上相应图像的技术，这种技术的目标是在屏幕上把虚拟世界套在现实世界并进行互动。

初试牛刀

接力出版社出版的"香蕉火箭科学图画书"系列带有免费的"香蕉火箭AR"软件是一款教育类应用程序，通过下载该程序到移动设备客户端上，使用程序扫描图书内页，书中的平面画面会以三维立体动画的形式展现出来。而且，与简单的只能观看的增强现实技术不同，香蕉火箭科学图画书可以通过点击、旋转、扩大等亲身操作过程极大地提高互动和体验效果。

接力出版社编辑于露表示，AR技术最早在20年前提出，但运用的范围很窄。如今，AR技术在智能APP中的应用越来越多，然而由于程序开发和制作花费昂贵，图书领域几乎没有大范围使用AR技术。尽管如此，童书出版单位也开始尝试使用这种技术。

利用AR技术可以使纸质图书与多媒体资源实现即时互动，使图书画面更加丰富生动，通过互动游戏的方式，为读者提供更好的阅读体验。从中不难发现，除了接力出版社外，近年来，浙江少年儿童出版社、中国少年儿童新闻出版总社、外语教育与教学研究出版社等少数出版机构都尝试在图书中嵌入AR技术。

据了解，外研社出版的"西游记的故事"系列就是结合了AR新媒体技术的童书。同样嵌入了AR技术的还有浙江少年儿童出版社2013年推出的《孩子的科学》一书。2014年年初，中国少年儿童新闻出版总社出版的《植物大战僵尸2》故事系列、《嘟嘟熊合订本》等系列图书也都已经运用了AR技术。目前读者利用摄像头识别从而实现图书内页动起来，如《植物大战僵尸2》魔法书，可以动态展示植物发射武器打击僵尸，《嘟嘟熊》可以实现内页和配套的音频视频连接。

据中国少年儿童新闻出版总社数字出版中心市场部主任颜显森透露，中国少年儿童新闻出版总社下一步利用AR的识别系统进行基于图片的检索，用户只要扫描封面就可以检索到相关的内容；还有在目前AR效果的基础上加入更多的互动功能；也可以用AR技术添加用户自己拍摄制作的多媒体资源与图书内页建立连接。

能否广泛应用

于露还透露，在国外，AR技术在出版上的运用也并不是很多，但国外对这项技术的探索和运用是走在前列的。像这次接力出版社出版的"香蕉火箭科学图画书"系列，是从韩国熊津出版社引进的，其中AR技术也是韩国熊津出版社开发的。具体投入的技术开发成本不详，但应该是笔不小的花费。接力出版社从国外直接引进比自主开发自然减少了很多开发成本，但引进此类图书也需要支付额外的技术费用。还有在AR技术上我们与图书同步进行了汉化，翻译后重新配音，并优化了部分界面图标。这部分支出会在一定程度上增加图书的制作成本，但由于图书印量大，成本平均到单本书上后，定价并不会有明显增加，甚至和一般图书定价水平相当，像接力出版社这套图书每本定价29.80元，也是市场平均水平。

颜显森表示，如果出版社自己独立制作有AR功能的图书，则需要投入人力和财力制作相应的多媒体资源，同时也会增加图书的制作成本（一次性投入成本），在一定程度上会影响图书的定价策略。但中国少年儿童新闻出版总社主要还是通过合作的方式来实现AR技术效果，如《植物大战僵尸2》AR魔法书，是由合作方宝开公司制作的。《嘟嘟熊》是由中国少年儿童新闻出版总社的合作伙伴提供的AR发布平台，直接利用嘟嘟熊现成的多媒体资源快速制作发布而成。中国少年儿童新闻出版总社目前没有额外投入资金制作。

据了解，浙江少儿出版社出版的《孩子的科学》一书的AR技术有专利，不同的程序源代码出处不同，价格完全不同。浙江少儿出版社使用了欧洲专利的AR技术，价格就和使用盗版或转版的技术不一样。

前景乐观

AR技术也并非所有出版物都适合使用。这种基于图像识别的视觉技术，更适宜那些图文并茂，甚至是图多字少的出版物，而基于动画片的童书是最适宜应用AR技术的。

对此，于露认为，一般运用AR技术的图书多是科普类图书，也有少量的故事类图书。科普书与AR技术相结合是非常合拍的，科学知识背后的原理和动态的发展过程，单纯用图画的方式表现不够全面，AR技术可以体验鲜活的立体影像和音像效果，尤其是像火山爆发、热带雨林、恐龙等孩子们无法亲身体验的内容，可以通过增强现实技术加深理解。颜显森也持相同的态度。此外，他认为绘本、图画书、游戏书也比较适合运用AR技术。总而言之，所有需要通过多媒体资源丰富画面生动感的图书都可以使用AR技术。

颜显森非常看好AR在图书上的应用前景。读者对这类图书的接触刚刚开始，出版社也是刚刚开始出版AR图书，需要时间进行宣传推广；另外，AR效果的展示，需要读者具备一定的硬件和网络的条件。用户需要一个学习过程才能很好地使用AR展示工具。我们相信对这类图书，读者还是会有期待的。

（作者为《出版商务周报》记者）

3. 新社群，新营销

圈子，微店，社交红利，精准营销……这些词似乎是近两年来做任何产品开发或者营销推广者经常挂在嘴边的。移动互联网时代，对于出版人来说，似乎比以往更加幸运，因为他可以更清楚直接地知道自己的读者在哪里。但对于躺在制度红利上故步自封的另一些出版人来说，他甚至不清楚自己的对手与掘墓人来自哪里。看上去人们更爱阅读了，只不过他们读的是朋友圈里的鸡汤，而不是我们所谓的数字图书。

于是，在涉及社群和营销的这一章节，我们选择了关于微信和出版怎么结合和大V店运营模式两篇文章。此外，我们还推荐大家阅读对《读库》主编张立宪的访谈，看看他是怎么实践用直达、开放、活态的方式，以互联网思维做出版的。我们还选了一篇华东师范大学出版社的部门如何运营微信公众号的文章，一篇译文社介绍他们的APP项目的文章，从小见大，以资借鉴。毕竟，新的时代促使了新的社群建立，新的社群需要新的营销，新的营销需要落实到新的行动。

但是，运营社群也别进入误区。没有过硬的产品，社群有什么用呢？全世界最好的社群经济是什么？是苹果粉。可是你什么时候见过苹果公司运营什么社群？哪里需要运营什么社群，做好产品就是王道，做好产品自然就会有社群。"我从来不去运营社群，好商业是社群的原因，而不是结果，就这么简单。"——逻辑思维创始人罗振宇如是说。

互联网时代的图书营销与创新

刘杰辉

看环境

"大众图书市场利润会越来越薄还是越来越高？"

大众图书是电子商务化程度很高的产品市场，百分之四五十是通过电商渠道销售。出版的利润越来越薄了，出版人怎么活呢？由于图书产品本身的特点，一直都是电商培养用户网络消费习惯的利器，这也是为什么图书产品价值被低估的原因。现在历史使命已完成，大家势必追求图书产品本身的毛利，价值回归是趋势。

"实体书店未来几年会越来越少吗？"

我认为，未来几年实体书店会越来越多，整个中国在面临产业结构的转型。如：台湾诚品在国内做体验店；江西出版集团与一家电影院合作，在有书店的地方开电影院；中信出版社与万科达成战略合作协议，在有万科楼盘的地方开中信书店……这些信息体现了中国的卖场购物体验存在危机感，有特色的书店能提升整个商圈的品质。中国面临商业化的转型。过去书店的发展靠政府的资金扶持，而未来的书店发展更多依靠商业化的力量。书店未来几年会迎来发展的契机，经营属性会更有特色，更强调体验。

"大众心智能够容纳的产品数量会越来越多吗？"

大众心智的觉醒对文化产品需求更大了，但是对产品的需求更少了！电子阅读与新媒体等内容产品多样化的发展，背后反映的是国民文化意识的觉醒和市场对内容产品与文化体验需求的激活，浅阅读会被新的媒介所替代，但纸质书在深度阅读方面有不可替代的属性，在概念泡沫后势必将回归和强化。这是文化产业整体的发展机会，而不是简单的新势力打败旧力量。

"内容本身的价值将最大化凸现"。

影视公司和视频网站都在抢占内容，编剧的身价越来越高，好的作品被抢来抢去，竞争异常激烈。出版本身做的事情就是价值的发掘与价值的传播最大化，能做的是务实地基于自己的竞争力利用过去和现在所有正在发生的、能利用的一切强化自己的竞争力。

看市场

本部分内容我展示一些图书，提炼其中的共通点，尤其强调的是这些书对市场上大众心智的把握，比如过去做产品，跟风现象盛行，书名差一个字，封面也差不多，纯粹是模仿。更高级的层面是对大众需求和市场流行趋势的把握，比如儒意欣欣出了一本《纸牌屋》，读客出了一本《教父》，共同点是封面均为黑色。大众心智对某些东西是有投影的，你的产品如果离读者预期太远，就会被经销商或是读者pass掉。一些产品已获得读者的认同，是可以跟随的，但要把握好。像《自控力》和《当时忍住就好了》两本书就是考虑了大众心智的问题；《谁的青春不迷茫》和《因为痛，所以叫青春》整体情调很相似。如果造一个产品，与这两个产品的封面或产品的品相感觉偏差很远的话，市场是很难接受的。时代华语的《欲望心理学》和《重口味心理学》系列图书，都是对大众心智的把握。

看潜力

市场力、品牌力、内容力和营销力是判断产品销售的可能性和机会的四个维度。

市场力是指现有市场对读者需求满足程度以及题材稀缺程度。

品牌力最重要的是作者品牌。作者品牌具有黏性，《响聊聊职场》的作者李响和《梦想，不过是个痛快的决定》的作者华少，都很有名，并不代表就是品牌，而是要考虑目标群体的接受度以及可替代性的程度。

内容力是指通俗度和价值度两个方面。通俗度主要指作品易传播；价值度则是具有口碑。出版的工作最终是落实到有价值的传播。通俗度产品依赖于作者的自我创作，如小说类产品，价值度产品则需要编辑将营销意识贯穿产品中。

营销力方面，很多人会强调撬动资源，但强调的是概念穿透力。图书工作是价值开发和价值传播的工作，卖的是价值观，是基于读者需求基础上的价值理念。书的概念以及包装做的好坏，决定了以后是否畅销以及后续工作。

看营销

产品是最重要的营销，产品的意图在于占领大众心理需求的基本点。大众励志类畅销书是满足了大众思维、情商、口才、职场、升职、加薪、心理、自助等需求的基本点。看排行榜，结合大众心理需求的畅销书永远在卖，不了解大众的心理需求就不了解产品，不懂营销，不知道产品定位，不清楚读者群，不知道精准目标。

新技术、新工具和社交网络社群的发展引爆产品的机会更强了，但要求也更高。社群化时代每一个作者都有一个圈子，从天涯社区到豆瓣再到微博和微信，接触这些新工具，才会更清晰地对产品内容开发以及对作者整体评估。

组织创新与主导，推动产品营销与产品营销创新。文化是创意行业，出版业最应该学习的两家文化公司：一家是苹果，一家是小米。苹果和小米卖的是文化，是对文化的忠诚。出版行业CEO应该主导产品创新与产品营销和销售，强势产品公司需要做到三位一体。产品营销不应该仅仅成为个人的能力，而更需要以组织的形式在公司中强化并成为产品主导型。社群化时代，打造品牌创造社群有点难，要求工作人员具有很强的策划能力，建议企业要适度利用好各种社群。

看案例

《本色》的众筹模式。《本色》上市的时间点定在下半年，定在了11月特别的日子——光棍节。乐嘉曾任《非诚勿扰》的嘉宾，有喜欢他的观众，乐嘉本人的演讲能力特别强，曾担任《超级演说家》的评委。时代华语策划了在海淀剧院的演讲活动，选择以互联网为平台，以众筹作为营销的话题点，吸引乐嘉粉丝的关注，从而将新书发布演变成一个"图书众筹"事件。作为一个兼有社交性质的平台，众筹网的商业模式可为出版业带来一种新的出版可能。《本色》发布会嫁接众筹网，短短一天获330位网友支持。一个月内千张门票一抢而空。筹集金额50 730元，支持者873人。

《文化苦旅》微店售书。《文化苦旅》（新版）是再版的产品，怎么去做新闻呢？选择微信售书是从产品本身角度考虑的，我们准备了4 000册新版《文化苦旅》签名本独家提供给腾讯微信，条件是要求腾讯微信把它作为第一本书销售，而且是当天唯一的图书。4 000本签名本销售核心目的不是赚钱，而是为了营销。把这个做成热点事件，未来在其他渠道就会卖得更好。4 000册新版《文化苦旅》签名本，上线三天即售罄。媒体报道共152次，其中平媒47次，网媒61次，微信分享16，微博转发27，电台1次。如果只是《文化苦旅》改版，肯定没有这样大的关注度。营销事件的决策是产品经理或营销人员无法做到的，公司层面的负责人才有这样的决策力。

《逻辑思维》微博话题。这本书的营销还是要回到产品定位上来。在微博上炒作话题，炒什么话题合适呢？我们选择做"罗胖要上《天天向上》"话题，主要考虑到罗胖子的粉丝与《天天向上》的粉丝具有类似性，都有娱乐性。当然我们是希望他能上《天天向上》，但如果上不了《天天向上》，能成为热门话题也很好。该话题进入新浪热门话题榜，最高排名第9。这是借势营销，用户群体和更强的群体有关联时，可以产生更大的话题反应。

（作者为北京时代华语图书有限公司执行副总裁）

微信和出版该如何结合？

李　南

微信会成为出版业登上移动互联网这艘大船的船票吗？出版业一直想创新，但苦于找不到合适的机会。面对着图书出版一年不如一年的景象，面对着移动互联网风生水起的盛景，出版业该如何拿上一张船票，或许将成为出版业今后很重要的一个课题。但微信真的就是这张船票吗？

微信的定位

微信从去年下半年开始，有了很多变化：引入商品销售、开通支付功能、微店、公众号内容可以加链接跳转……微信在朝着商业化的道路上有了不小的进步。在这些变化中，个别出版机构率先尝试了这些变化：在微信卖书。据悉，余秋雨的《文化苦旅》修订版，在微信3天就卖出了4 000册。随后，更多的出版机构加入微信卖书的大军，还开起了自己的微店。但声势越来越大，效果似乎越来越不明显。

从腾讯对于微信的定位来看，微信是强调圈子社交的工具性应用。所以，从一开始微信就非常谨慎地推进商业化的开发，包括禁止点赞的商业转发、不许加入链接跳转，等等，凡是有可能涉及商业活动运营的苗头，都被微信一一扼杀在摇篮里。从近期微信的开放化进程来看，商业活动的运营有可能得到一定程度的放宽准入，但千万不要以为这就可以大干快上了。对任何一家企业而言，要开放商业化运营，首先肯定要保证自己的相关产品利益最大化。随着腾讯入股京东，京东在微信获得了巨大的流量导入，也获得了最好的入口位置。毫无疑问，在接下来的很长一段时间，京东才是微信商业化运营的主力，其中自然包括图书和电子书。而那些在微信上不可能获得流量导入和入口位置的其他第三方商家，好日子还有很长的一段路要走。

从用户对微信的理解和使用习惯来看，腾讯对于其作为圈子社交的工具性应用定位还是非常准的。微博上引入广告之后，曾经引发很多用户的不满，更何况是在微信的熟人圈子里。微信是一个熟人之间了解彼此动态的工具，大家在这里获取的是圈子内的交流和认同感。很少有人能接受，在自己的小圈子里比比皆是广告的页面。也很少有人会在一边和好友聊着天的过程中，一边通过同一个应用完成购买行为。

营销而非销售

从出版业对于微信的需求来看，营销的需求远远大于实现销售的需求。事实上，微信也支撑不起一个图书企业在移动互联网领域的创新渠道拓展诉求。在众多的商品门类里，比图书能挣钱的产品太多了，比图书更刚需的产品太多了。无论是从盈利能力，还是从产品需求上讲，图书都不可能成为移动互联网大鳄的真实需要，而只是一个工具。而且作为一家出版企业，每年出版的产品动辄几十上百种，多的上千种，只靠在微信上卖几本《文化苦旅》就是未来了吗？更不要提微信就这几个有限的入口位置，全国几百上千家出版企业去争抢，你凭什么就知道自己能一马当先一骑绝尘？

因此，从出版业的真实需求出发，微信可以成为一个营销的工具，但绝对不要指望其成为一个创新的销售渠道。

做强品牌，是在微信生存的关键词之一。微信的一个特点，是所有的行为，都必须是用户主动发起搜索或者添加，产品和服务才能出现在用户的微信页面上。所以，要想让用户到微信里来看书、买书，首先要做的事情，是如何让用户来关注你的微信号或者微店。从这个角度看，那些具有强势品牌号召力的出版机构或者作者，切入微信营销的机会更好一些。对更多的出版机构来说，则需要尽快树立自己的品牌，而不是纠结于今天多了多少粉丝，少了多少关注。没有品牌号召力，一切都是空谈。

要想在手机屏幕上，呈现出和电脑屏幕一样多的产品信息和页面，是不可能的事情。所以，出版机构应该从自己成百上千的品种里，挑选出最具代表性、最有品牌推广可能的产品，在微信的平台上加以推广。比如余秋雨的品牌，加上独一无二的产品，最后成功获得关注实现销售。如果出版机构贪多一次摆上100种书，不仅增加了推广的难度，也给用户关注产品增加了门槛。

如果不是所有的书都适合微信营销，那么哪些书适合？或许这是微信对于出版机构更大的意义：拉拢潜在读者和进行有效的读者分析。作为一款社交工具，微信提供了还算不错的数据统计后台。无论是开设公众账号，还是开设微店，如果出版机构能够充分利用微信这个平台，在新书的出版过程中和出版后，做好读者的需求分析和体验分析，那才是最大的收获。

（作者为互联网从业者）

图书营销新玩法：大V店模式全揭秘

盛 娟

几乎一夜之间，大V店在出版圈名声大噪。惊人的图书销售能力、较短的回款周期，令出版人对其充满好奇，也满是疑惑。大V店的运营模式究竟如何？又是什么促使多家出版机构加入它的销售阵营？此文将为各位揭晓。

《不一样的卡梅拉》5个月销售1.7万余套；《不要和青蛙跳绳》1个月预售5 000多本，3个月销售近2万册；《极地重生》通过线下故事会活动首日销售2 000多册；《今晚七点半，我家的游戏是数学》通过线上分享活动，2个月销售4 000多套，码洋近50万元……

这些并不是什么天方夜谭，而是多家出版社通过与大V店合作后得到的最真实的数据，大V店成为童书销售的新渠道。

其实，微店产品并不新鲜，它早已经刷爆朋友圈。大V店可以算是微商领域的"后来者"，不过它试图用另一种新玩法来刷新外界对微商的看法。

"自媒体联盟"属性

大V店在2014年便开始深耕妈妈社群,并从线上教育、线下活动等多维度解决妈妈们的问题。大V店是MAMA＋旗下主打产品,定位为妈妈社群电商。大V店平台去年12月18号正式上线,主营产品为图书音像和母婴用品,目前累计上架图书2 100余种,绘本类占比90%以上;以海外产品为主的母婴用品累计上架4 000多种,涵盖婴儿护理、美容护肤、奶粉辅食等多个品类。

成立短短一年,大V店已拥有百万级妈妈精准用户,日活跃用户50万。用户遍布北京、上海、广东、四川等全国一、二线省市,并逐步向二、三线城市扩散。在社群建设方面,大V店目前拥有V友群200个,主要以妈妈及年轻家庭为主,规模百万以上;此外《妈妈课堂》活动已在全国开课142期,影响了数百万家庭。更值得一提的是,大V店图书销售额已经突破1亿元。

与其他电商最大的不同,大V店采取"电商＋社群"的模式。大V店会寻找具有自媒体属性的妈妈群体,鼓励妈妈卖家们培养自己的公众号,从自己擅长、有话语权的某个领域生产优质的内容,以内容吸引精准用户,培养信任感,然后再配合购物的引导。因此,从这个层面上来讲,大V店的卖家未来会是买家在某个领域的私人导购。虽然大V店的终端销售者是个体卖家,但这些卖家并非商品的直接拥有者。妈妈卖家们不仅仅是销售者,也是消费者,更是分享者。

据了解，所有大V店卖家的货源均由大V店官方提供，卖家不需要自己寻找货源，而所有商品的收款方则是大V店，卖家获取的主要是销售佣金。这也是大V店与目前国内主要微店类平台的重要不同，其选择包揽所有卖家的发货和物流配送，卖家们无需自建仓库，也不需要自己发货。

由此可见，大V店试图在货源、仓储、物流、收款等方面有绝对的掌控力，其本质上更偏向于B2C模式而非C2C，自己供货、自己负责物流配送，让妈妈和母婴类自媒体成为触达终端消费者的管道。

推广注重社群特色

目前，几大电商在上架品种上竞争非常激烈，力图达到全品种上架。大V店却选择了差异化作为其未来的重点发展方向。

在童书销售部分，大V店不追求全品种上架，而是对出版社的拳头产品和重点品进行推荐与上架。在销售方式上主要通过团购、限量超值秒杀、组合团等方式进行。从中不难发现，在电商平台上，这些方式能够在短时间内实现用户流量增大的效果，最终再实现较为可观的销量。例如，毛毛虫童书馆的《跟妈妈玩童谣》在大V店上，3天销售了1 500多套。大V店还与接力出版社联合独家首发彭懿、九儿的《不要和青蛙跳绳》预售一个月销量5 000多册。

此外，在推广方式上大V店也极具社群特色，图书漂流、微课堂、线下故事会等方式都会在短时间内引爆图书的销售。

例如，电子工业出版社出版的《今晚七点半，我家的游戏是数学》通过多种推广方式，在实际销售期未满两个月时，就成为排行榜名次上升最快、在榜时间最长、新书码洋占比品种最大的单品图书。在上架前，通过图书漂流、"线上分享＋讲座活动"进行预热。通过图书漂流影响全国的人群，所有参与的人会在自己的朋友圈等自媒体渠道分享图书的信息和内容，为图书的销售打下舆论基础，从而获得读者最直接的反馈，为图书上架形式和时间做更合理的安排。在图书上架后进行线上分享、线下活动联动，邀请作者和编辑为大V店的妈妈们在线分享图书，以及亲子育儿知识。大V店卖家通过自己的自媒体账号或微信群进行转发，进而影响了更多读者。

此外，海豚传媒历时半个月完成了《极地重生》精读故事会的活动，通过图书漂流招募小读者、线上线下培训、全国30个大卖场开展精读故事会活动，最终影响了600多个家庭1 200多人，实现了爆炸式宣传，达到了井喷式传播的效果，在短期内形成大规模口碑相传，促进销量显著提升。活动首日，大V店销售2 000多册。

微商转型势在必行

目前，与大V店合作的出版机构主要是一些少儿民营出版机构，如耕林、蒲蒲兰、毛毛虫、乐乐趣等。专业少儿出版社中，接力出版社是较早开始与大V店进行合作的，目前上架品种127种，销售码洋1 200多万元；二十一世纪出版社是从今年5月开始与大V店进行合作，目前59个品种上架，销售码洋600多万元。此外，少年儿童出版社、新蕾出版社等也开始尝试与大V店进行合作，这些出版社正是看重大V店能够通过各种销售推广方式，让图书在短时间内销量显著提升。更为重要的一点，大V店的回款周期相对较短，一般能在两个月内实现回款。

看到同行已经开始分食大V店这块蛋糕，很多还未与大V店合作的出版社也坐不住了，纷纷希望能够与大V店实现合作。当然也不乏一些出版社采取谨慎态度，一直处在观望状态。

近一年多以来，微店平台不断涌现。单纯的朋友圈广告刷屏惹人反感，原始的"朋友圈卖货"模式几乎"走投无路"，而以大V店为代表的第三方平台是微商发展的大势所趋。

微商转型必须从社交属性的个性化，以及私人定制化的服务为突破口。此外，微商还要在信用体系和售后服务体系方面有所突破。因此，微商在未来必然会是以大企业平台为主导，从售卖商品转型为服务提供商。同时，基于社交的个性化，微商要将粉丝、用户的关系做深，真正做到社群化、定制化。

就像大V店不只是微商平台，而是妈妈的社交圈。它不是简单地卖卖东西，而是利用已经运营起来的稳定粉丝群体做社群，比如线下亲子游、读书会等。大V店的妈妈卖家们对商品信息并不是强行推荐，而是分享式营销。

不过，虽然精准的用户定位、更加有信任度的B2C模式让大V店有别于现有微店产品，但其模式仍然有诸多不确定因素。例如，真正有实力做成自媒体的妈妈不会太多，规模发展会受到一定影响；另外，妈妈自媒体的不断增加，未来难免会出现同质化竞争，再加上近期国内母婴跨境电商市场本身就竞争激烈，未来大V店面临的对手确实还有很多。

另外，大V店掌握着足够数量的用户，在与供应商合作中拥有绝对的主动权，未来或许会出现其对供应商的选择和议价能力等方面表现强势的特点。大V店到底是新宠还是陷阱，作为供应商特别是出版方，在与大V店的合作上还望三思而后行。

（作者为《出版商务周报》记者）

《读库》与张立宪：
以互联网思维做出版

原业伟

张立宪毕业于人大新闻系。2005年，36岁的他已经历过新闻出版的各个形态，报社、杂志社、网站、出版社，左右逢源，永远有接不完的订单、挣不完的钱，但都是别人挑选自己。他称自己这时的心情为"焦裕禄"——焦虑、忧郁、忙碌，对自己拥有的所有东西产生了怀疑，所得即所失。他清空自己的思路，明确了自己最应该做、最想做的事，下决心要做一套符合理想的书。

《读库》的诞生，正是针对传统出版业的弊端。在传统的出版体制内，责任编辑没有责任，也没有权利。一本书做好了大家都来抢功，做坏了则互相推诿。封面设计、用纸，都有可能受到掣肘而不能尽善尽美，编辑总有理由为自己开脱。张立宪做《读库》的初衷，是要实现做书的最高理想，做一部可以养老的书，30年、50年后仍然在销售，退休时还可以带来利润。而要达到这个理想，就不能在做书的过程中计算时间，直到打磨完美后再与读者见面。他认为，直达、开放、活态是互联网思维的精髓。《读库》的编辑方向是活态的，读者和编辑互相激发；选题上让数万读者开放参与；营销上追求直达读者；内容制作上不遗余力、不计成本、不留遗憾，追求极致完美的产品形态。这些正是《读库》特立独行的关键。

蓝图设计：开放的编辑思路

很多人说《读库》是理想主义。张立宪认为，理想主义一定要有完成度，不能好高骛远，虎头蛇尾。在创业之初，他对自己的商业模式就已有清晰的规划。他自述："在回北京的大巴上想到要做这套书，用几天时间就设定了清晰的蓝图，包括出版形式、经营模式等。现在《读库》的基本形式就是当初的设想。"从作品篇幅上看，张立宪将《读库》设定为中篇读本：1万~5万字，非虚构、非学术的内容。这个设计理念有得天独厚的优势，篇幅适合现代人阅读，比报刊上的文章更深入，但做单行本分量不够，报刊上又因为太长不便刊发。因此《读库》平台出现后，有很多在《读库》出现前就已经写好无处投递的稿子都被吸纳过来。可见这是一片内容的蓝海。

《读库》的选题设计则充分体现了"开放"的原则。在设计蓝图阶段，张立宪就将策划《读库》的想法、《读库》的编辑出版进度等在博客上"全程直播"，搭建起即时互动交流平台，随后就会不断有网友留言支招，凝聚了广大网友的智慧和力量。来自民间的大量选题充实了《读库》的储备，也带给编辑意外的惊喜。由于网络平台是开放的系统，读者互动频繁，开始的几年，《读库》貌似只有张立宪一个编辑，背后却是无数读者都在为《读库》的选题出谋划策。"用户即员工"，读者义务发展下线，提供选题，义务推广。如今《读库》全职的编务人员三四个，也拥有自己的设计师。但其编辑构成更多凭借开放性的小班底，他为每个项目都成立三五个人的流动人才团队，荟萃业内最优秀的创作力量。开放的平台让更多优秀的选题和编辑人才进入到了张立宪的视野。

开放的选题模式，让《读库》文章风格多元，有的是无名的作者之作，如"小九"这样的底层人物；有的非常专业，如"建筑史诗"系列里的《万神殿堂》，讲古罗马的建筑；再如德国司法案例系列文章，艰深到很多审校老师读着都想哭。有的读者嫌内容太过艰深，或作者尚不知名，张立宪并不迎合每个读者的意见。他认为："报刊对读者的迎合更多一些，更'势利眼'；而书应该让读者阅读应知而未知的东西，得到意外，唤醒甚至制造读者的阅读需求，有一定的强迫性。"

《读库》的产品形态设计，充分照顾了发行的便利，同时为互联网销售预留了空间。张立宪介绍："《读库》是定期出版的连续出版物，而又并非刊物。好处是有较长的销售周期，没有人会买一本三年前的旧刊物，但会买一部三年前的旧书；而又能够长期占据新华书店的书架位置，不会因为陈旧而下架，普通图书在地面店两三个月下架。封面设计一致，只有编号区别，便于读者识别。后来，有人建议将《读库》变成期刊，我不善于拉广告，所以不愿意做成期刊。《读库》应该有书的品质、书的质地，而不是在杂志世界中竞争。"

极致的产品质量：三不原则

互联网产品追求质量的极致，在内容制作和装帧设计方面，张立宪的标准极为严格。《读库》的选稿标准是"有趣、有料、有种"，约稿原则是"不遗余力、不计成本、不留遗憾"。在编辑《城南旧事》时，张立宪找到了三种不同版本，逐字逐句查找分歧，任何一处修改都详细追究其理由，并且找了北京古建方面的专家王南等学者专门做了《〈城南旧事〉名物考》，作为该书的补充。从时间上，郭德纲、周云蓬的人物专访这样的大稿子，需要半年的时间筹备，采访三个月、写作三个月。用他的话说："要采访他对你说的话，要记录他说话时的样子，要记录他不说话时的样子，也要记录他做的事，还要记录他的朋友说的话，这样人物才能立起来。"

关于图书的编辑，张立宪曾经说过："对某稿或某处决定不改，这同样是一种编辑能力。"他认为，编辑不要滥用自己的权力。很多编辑"为改而改"，为了显示他编过，而做一些不必要的改动。有时《读库》的编辑一开始会改，可改到一定程度，会忽然发现这是作者的特点，就赶快往前找，恢复过来。例如，《读库1205》的《父亲在工地》，在编辑到2/3的时候，发现这篇文章几乎没有引号，后来再出现引号的时候，就把引号去掉，让整篇文章都不出现引号。这篇文章在三审三校的过程中，有的编校老师把一些专用名词、引用的歌词加上引号，他又把这些引号悄悄去掉了。他喜欢作风明快的编辑，不纠缠，不纠结，"节克理"的风格：节制、克制、理智。

在装帧设计上，《读库》"奉行极简主义"，一方面"摁住美编表达欲望的装帧理念"，另一方面"屡屡惊动北京印刷高手"，在数百种纸张中选择用纸。张立宪认为："在用工用料的时候，千万不要为了省钱，做非常勉强的选择。确定了用哪一类纸，就要选这一类里面最贵的那种。一分钱一分货，这方面真的骗不了人。不要为了省百分之三十的成本，而牺牲百分之三的品质。"在他看来，出版业高度工业化，任何环节都有技术标准，没有很大随意性，有基本的审美共识，首先应该了解规矩，按照规矩办事，自己的《读库》和系列图书，以国际水平衡量，仅仅达到了及格标准。

互联网营销：直达读者的甜头

从网络书店销售，到部分直销，到全直销尝试，这三步是《读库》营销的进化，其全直销模式探索尤为令人耳目一新。张立宪回忆说，《读库》创刊时已经看到了网络的力量，先找到当当网谈合作，当当网要货5 000册，心里一下有了底。当时网店大约占图书市场的10%，网店能立住脚，实体书店就好做了。看来《读库》天生就有适合网络行销的"互联网基因"。

从2008年至今，《读库》在网店的销售一路攀升。目前《读库》销售4万册，网店占60%~70%，其中直销比重越来越大，目前约占全部销售的1/4。这是《读库》迥异于其他出版机构的特色。张立宪介绍，开始《读库》并不重视做直销，想给发行商当当网、亚马逊以信心，就像可口可乐公司不能代替超市卖饮料。之所以开天猫旗舰店、做直销，一是因为读者"倒逼"，适应大时代潮流；二是因为"搜"时代到来，销售出口越单一越好，如果搜索"读库"，搜索引擎出现十几页销售出口，读者就会无所适从；三是因为在我国商业伦理不规范的时候，第三方销售意味着必须经过销售商的盘剥。

一番尝试之后，张立宪已经尝到了直销的甜头。第一，不打折，本质上就将预留给第三方销售商的利润，直接释放到做书的成本中，让图书的品质上升。第二，产品没有损耗，直接从库房发到读者手中。第三，库存所见即所得，一旦售罄马上安排加印。第四，不打折还避免了价格战的恶性竞争，价格战让书的名声很差，读者永远在等打折。明码标价，不给网店销售留水分，不搞虚高定价的把戏。第五，直销打造了适合现代人的商业环境。

张立宪预测，以后传统出版社与《读库》差距会越来越大，这是营销模式的胜利。他具体分析说，传统模式5 000册书只需要发15~50家店即可；而直销模式5 000册书就发5 000个订单，打5 000个包，发到5 000个读者手中。仓库有十几个员工负责，每小时处理订单2 000个，这种能力一般出版社都不具备。即使是快递公司，很多也无法提供如此优质快捷的配送服务。

《读库》创新的营销模式，为打造极致的产品形态提供了支持。从成本结构来看，出版社给批发商的折扣以六折计，加上损耗，至多能回收五折，包括10%的版税、20%的印刷成本、20%的管理成本。而一本书的物理成本通常不超过书价的20%，覆盖了用纸、用料、装订、印刷。这种成本结构和发行模式造成图书利润极其微薄，书的物理形态敷衍潦草。《读库》的做法是，通过直销渠道的支撑，把图书的实际回款提高到七折。以新书《我的一生》为例，该书做了一个书盒，成本是5元，如果放在第三方销售，定价就会放大15～20元。图书的品质上升，也让利给读者，让读者拿到性价比更高的书。

直达读者的销售模式还让《读库》帮助一些小众化的图书找到了"知音"，取得了意想不到的市场效果。2012年，《读库》为河南年轻诗人海桑的诗集《我是你流浪过的地方》做了在自营网店直销的试验。张立宪判断，这部诗集如果在电商平台或者地面店销售，都会很快被埋没。而在《读库》自建平台上，累计销售达到了12 000册。虽然读库直销店没有当当网和亚马逊的巨大客流量，但对于符合《读库》品质特征的单品图书，能起到强调作用，销售周期也更长。《读库》平台聚拢了一群同质的读者，因此坚定了走向全直销的道路。

目前《读库》尚未实现全部直销，还在电商和传统平台上销售，因为很多读者习惯了这些平台。而新的品种尤其是相对小众的品种，就采取全直销。《城南旧事》一书预期销售好，而且版税压力大，张立宪坚持在《读库》自营店直销，2013年销售了15 000册。而去年出版的《永玉六记》，依旧供应当当网等网店，因为考虑到该书有一定大众读者。《我的一生：梅厄夫人自传》刚出版两个月，就销售了5 000册，很快安排了加印，该书刚刚出版1个月左右，张立宪就给所有的粉丝发了语音微信，通报了"我的一生书系"的编校情况和销售势头，有效地与读者沟通，从而促进了销售。

活态的营销模式

张立宪不喜欢"粉丝营销"这个说法，他不希望用功利的夸张手法吸引粉丝，主张顺其自然，"我们把书做好，等待您来发现"，是读库淘宝店的标语。《读库》的微信微博，很少用无效信息打扰读者，因此粉丝不算多，但互动率较高。张立宪认为，现在进入身份模糊时代，读者有时候比编辑更在行，在网络平台上不要耍小聪明，编夸张的悲情故事，晒情怀、晒悲壮。《读库》并不以"有奖关注""转发抽奖"等方式推广。张立宪认为，"一个好的品牌一定是骄傲的，一个好品牌的用户也一定是骄傲的。"为了占小便宜来关注的读者，也不是好读者。

张立宪对优质读者有自己的定义："这个时代还花钱买书，花时间看书的人，这样的一个特征，足以抵消他的学历、职务等其他标签。"为了不打击发行商的积极性，《读库》直销时不打折，而第三方网店则打折销售。但很多读者并不在乎价格优惠，在年初将全部书款付清，只等收货。这些对价格并不敏感的用户，恰恰是《读库》最优质的用户。他认为，图书是最伟大的商业，只有买书，顾客花了钱还会向你说"谢谢"，具有高情感附加值。

但张立宪现在还认为《读库》和读者融合度、互动的丰富性不够，还没有将最先进、最便利的手段用好用足。他计划绕开中间商进行垂直销售；逐步将发行权从一些大型电商手里收回来，再走出去，走向书店、咖啡馆、百货公司，甚至走到个人家里。张立宪构思了新的营销模式，将一些咖啡馆等公共场所设计为图书的体验店，比如读者在雕刻时光咖啡馆看到一本《读库》的产品，印有二维码，扫描二维码，就通过手机下单，直接送到读者家中，读者第二天可以拿到书。后台识别订单来自雕刻时光，可以返点给雕刻时光。体验店起到橱窗的作用，但没有库存和资金压力。

在张立宪看来，图书还可以通过大V的自媒体平台销售。如某影星通过微博推荐《读库》，目前可能只是出于友情，但很多大V已经开了淘宝店，以后会有商业诉求，一旦《读库》与其达成绑定账号，如有读者因其推荐购买了《读库》，该大V便可获得佣金。将来无论大V还是小V，都可以获取一段链接，成为《读库》的推广人。

在图书之外，《读库》还开发了很多衍生产品，如明信片、年画、笔记本、书袋、卡片包、零钱包，并取得了出人意料的市场影响。张立宪认为，出版社只做书，不符合开放活态的时代。如《丰子恺画册》在西方销售，可与丰子恺主题的笔记本、书签、明信片、书包、茶杯搭配，以"丰子恺"为题设置专区；在中国的书店只会和齐白石、张大千的画册在一起销售，以绘画为主题设置专区。这是思维的局限性。

《读库》已经创立9年，只有一两百个品种，但所有品种都在销售。被业界誉为"以互联网思维做出版的第一人"，张立宪也有看上去不那么"互联网"的一面，他要求《读库》招聘的新员工先要去仓库实习一段时间，熟悉客服、物流、配送。但或许正是online与offline的这种无缝衔接才是《读库》在一个传统行业里走出一条新路的关键。

（作者为《出版商务周报》记者）

小微信大玩法——
以华东师大社部门微信公众号为例

徐　平

如何吸引读者关注?

根据罗杰斯的创新扩散S曲线理论,一个新事物被人知晓,开头人数很少,扩散的进程就会很慢,但当达到10%～25%的时候会突然加快,曲线呈迅速上升趋势,在接近饱和点时再次慢下来。第一步让人知晓就变得尤为重要。

巧设计,让"二维码"炫起来。一般的二维码是黑白相间的正方形小块。2013年8月在开通微信公众号不久,正值上海书展,我们做了一个40×40cm的立方体二维码,并放置在漂亮的图书码堆中间,非常显眼,成了众多参观书展读者的拍照取景点。同时,我们还策划了一个小小的互动,即"玩24点,赢图书",关注微信,获得互动试题,回答正确的话,即可获赠图书一本。一周书展,我们送出了50册图书,但收获了500多个粉丝关注。

善借力,利用大平台进行推广。2013年9月10日,正值教师节,我们利用当当网的平台,策划了"你选我送——200册好书送教师"的活动。由于送书多、规模大、力度足,吸引了大批读者前来参加。短短两天，粉丝人数激增1 000多人。当当网相关页面点击量达5万多次。

如何丰富公众平台？

微信公众号确实提供了与粉丝沟通的便捷通道，为了让这个平台更立体更多元化，就需要构建辅助平台。

进行实名认证建立菜单栏。根据微信的官方要求，必须有500名粉丝以上，并交纳300元认证费才能进行认证。也只有通过微信认证的公众号才能在页面下端建立菜单栏，一般一级菜单栏三个，二级菜单栏可以有若干个。而且每一个菜单栏可以与文本、网址链接、图文信息、视频等各种元素建立超链接，这让整个微信公众号变得丰富起来。实名认证之后，在编辑模式下就可以进行菜单栏的建设，这也从技术上减轻了运营者的压力，给粉丝一个更好的使用体验。

建立"微社区"，架起粉丝之间沟通的平台。"微社区"是腾讯旗下的另外一个产品，进行简单的身份认证之后就可以申请开通。然后再把"微社区"设置在菜单栏上，微信订阅号"一对多"的模式瞬间转化为"多对多"的模式。关注某一平台的粉丝之间就可以通过"微社区"进行沟通。我们的"微社区"自2014年5月份开通以来，访问量达4万多次。"微社区"就像论坛一样，可以随时随地发帖、评论，没有时间限制。因为微信订阅号每天只能群发一条消息，而服务号一周才能群发一次消息。"微社区"的存在充分弥补其不足。

充分利用微信图文推送的超链接，引进第三方服务平台。一直到2014年5月9日，微信公众平台才新增投票功能。这就需要引进第三方服务平台来协助运营者实现这些功能。

"互动吧"就是这样一个工具，它可以向微信、QQ、微博等社交平台一键发布投票、活动、文章、招募、招聘等互动信息，并以最醒目的方式在好友圈展示、传播。运营者只要把相关内容在"互动吧"上设置好，然后提取网址链接，在图文推送的时候直接做一个超链接即可顺利实现目标。

另外，由于华东师范大学出版社教辅分社微信公众号的粉丝以学生为主，需要适时提供复习备考资料。在不能直接推送的情况下，则建立了"公共信箱""百度云盘"等公共平台，方便粉丝们下载。

如何有效运营？

网上流传一句话，当粉丝超过100人，你就是一本内刊；超过1万人，你就是一本杂志；超过10万人，你就是一份都市报。对于传统出版社，以图书为主要产品，运营也应围绕图书进行深度挖掘。

接地气——精心策化优质内容。华东师范大学出版社教辅分社的微信公众号主要面向中小学师生以及学生家长，他们对高校自主招生、名牌高中自主招生、小升初择校等信息是非常关注的。该平台推送内容都是紧扣热点，并充分利用作者资源，推出独家消息，同时把与之相关的图书信息植入。如在2014年4月份沪上四大名牌高中自主招生之际，推送了一期《上海四大名牌高中自主招生信息汇总》，该条图文信息被分享转发1 240次，图文页阅读人数达10 905次。在此条图文中，我们把《挑战压轴题》《百题大过关》等与备考息息相关的图书进行了介绍。

办讲座——从线上到线下。华东师范大学出版社是主要以教育类图书为主的机构，拥有很多优质资源。比如在一年一度各大高校自主招生之际，准备参加自主招生考试的考生对这些信息是相当渴求的，在我们开办的几个公益讲座的现场，近百人的报告厅座无虚席。我们目前积极探索这一有效的运营收费模式，线上宣传发动报名，线下讲座，带来收益的同时，也将有益地带动图书销售。

开微店——直接带来纸质图书的销售。如何让大量的粉丝能顺利通过微信平台就购买到图书呢？京东目前已经开通了微店模式，即微信服务号的运营商就可申请，这样用户只要通过微信绑定银行卡，就可实现支付。

（作者为华东师范大学出版社编辑）

"译文的书"——数字出版营销的终极逻辑

原业伟

近日，由上海译文出版社打造的移动数字出版整体业务平台"译文的书"APP正式上线。该项目得到上海市文化创意产业推进领导小组办公室基金支持，8月起可在iOS及Android系统中供用户下载使用。这标志着上海译文出版社（以下简称译文社）作为一家大型出版社在探索大众出版数字化转型过程中迈出了重要一步。

移动互联战场的主力军

随着数字化出版技术发展趋势的明朗化，译文社全面布局新一轮的以移动互联网为主战场的数字出版业务，建立以灵活的内容发布方式加以可靠的盈利模式为特征的传统出版与数字出版深度融合的出版模式。译文社社长韩卫东表示："这一模式由自媒体、数字产品和电子商务三大支柱构成。出版社利用移动互联网成为自媒体，承担部分媒体影响功能；出版社要有加工电子书的能力，掌握主动权；提供纸书的购买链接，集成电子商务功能。""译文的书"APP就是在这一体系下产生的。

"译文的书"APP自2014年开始研发，希望实现纸电联动、整合营销的功能。该阅读应用分为"译文的书"和"书的事"两大版块。其中"译文的书"设有"好东西"栏目，重点推荐热门、畅销图书。读者可以任意选取电子书进行试读、评论以及购买，实现了电子商务功能。目前在该应用上线销售的电子书有200多种，译文社计划实现400余种电子书的在线销售，实现与亚马逊等其他电子书销售平台同步。"译文的书"APP研发团队对上架销售的电子书均作了精心的再设计，封面、过渡页及内文均给读者舒适、简约的阅读体验，在细节上还加入了可弹出的文中注释。

除基础的图书搜索、阅读功能之外，该阅读应用还开辟了"书的事"版块，体现自媒体功能，特别介绍译文社最新书讯、作译者动态以及译文社即将举办的线下活动预告及重磅活动回顾。读者能够第一时间了解到作者新作、编辑手记、线下活动等。由此，"译文的书"APP完成了整合营销入口和阅读体验资源、各类数字出版产品、图书销售电子商务的功能。"译文的书"APP将关于一本书的了解、认知、产生兴趣、试读购买、分享感受、反馈信息等环节做成闭环，平台视觉和交互的优势更为明显。在即将开幕的上海书展上，译文社还将开展活动推广该产品。

数字营销的深度逻辑延伸

在坚持专业和品牌的基础上，译文社致力于高品质的内容提供，正在向多媒体、全版权的方向运营和发展。译文社从2007年起就开始探索大众出版数字化转型路径，在电子词典授权、电子书销售、大型双语工具书编纂平台建设及图书内容转码方面均作了一系列的尝试，并取得了实质性进展。2010年起，译文社开始尝试与国内外图书电商合作开发电子书业务，与亚马逊中国公司、"多看"、"豆瓣"都建立了合作关系，8月6日刚刚上线的掌阅电纸书，已经预装了译文社的电子书。目前译文社电子书在亚马逊网上书店上线已达300多个品种，双方建立了有效的合作制度，如销售周报制度、年度版税预付和专项版税预付制度等，还摸索了有效的运营措施，如纸电同步发售、电子书预售等。

在APP开发方面，该社早在2012年就已经设计了一款载有60多种文学名著的"译文经典"APP。2013年《新法汉词典》APP的开发，将《新法汉词典》数据结构化，与APP后台管理系统融合，可解决传统词典的修订难题；《新法汉词典》APP的开发，使编辑的工作方式由单纯的编辑工作逐步转化到"编辑＋运营"的工作模式，给译文社词典编纂工作带来巨大的改变。在大型工具书产品的全面数字化改造方面，《英汉大词典》第三版编纂工程已完成数字编纂平台和数据库的建设，计划将于10月发布一款微应用。在自媒体平台运营方面，译文社的微信影响力在国内出版社中名列前茅，除了推送相关图书的信息外，还设置了购买入口"译文微店"、《英汉大词典》APP入口等。韩卫东对记者介绍："通过微信等社交工具，出版社可以成为自媒体，这是对传统媒体的重要补充。"微信和词典等功能，未来都将与"译文的书"APP构成链接，相互推送。

（作者为《出版商务周报》记者）

4. 教育数字化和在线教育

有人将2013年称为国内在线教育元年，但实际上，中国的在线教育、数字化教育已历经了三波浪潮：第一波是多年前的远程教育，如电视教育，传播载体以模拟信号为主；第二代是十年前，有一大批在美国上市的公司，如一些著名的网校，虽然也有数字化方面的工作，真正运营还是以线下为主；2013—2014年开始的在线教育投资已经是第三波热潮了。

这一波在线教育热潮与以往不同的是：首先是技术上的革新。远程教育时代暂且不论，网校时代，技术上也很难实现真正意义的互动教学。多媒体、移动互联网的发展，让在线教学的设备价格越来越亲民，普通学生也可以购买智能手机、iPad等作为教学终端。技术给教学插上了翅膀，从而在一定程度上缩小了城乡教育的差距。其次是观念上的改变。翻转课堂的理念在发达国家早已成为主流，学生而非教师成为课堂的主宰，这种形式可以激发学生的创造力和积极性。如果说过去灌输式教育培养的更多是粗放型经济所需要的技术型人才，那么现在翻转课堂所培养的则是侧重发明创造的创新型人才，这正符合我国教育和经济发展的需求。在线教育让学生可以自由掌握学习的时间、地点、内容，从而让被动学习变为主动学习，而且技术的革新便于学生向教师发问互动，大大提高了教学效率。

我们这里选编的文章，着重从理念的层面解决在线教育的筹备和布局。

在线教育与数字出版：阵痛与重生

尚春光

在线教育相较于传统教育所体现出的显而易见的优点，使教育活动借助在线发展已经成为不可逆转的趋势。

近几年伴随着各大互联网公司大举涉足在线教育，以及近两年MOOCs（大规模开放在线课程）的快速兴起，越来越多的目光关注到在线教育领域。继2013年被称为"中国在线教育元年"后，2014年在线教育延续了纵深发展的势头，在线教育相关产业链条上的各类角色，无不在摩拳擦掌、跃跃欲试。

调查数据显示，2004年国内在线教育市场规模约为143亿元，2012年和2013年这一数字分别达到了723亿元、981亿元，实现了20%左右的年均复合增长率。2013年至今，中国在线教育领域投资案例约40笔，数十亿元资金涌入，新增近千家在线教育机构，平均每天新增2.6家企业。

不仅在国内，国外在线教育的热度也在高涨。据美国斯隆联邦（SloanConsortium）针对美国在线教育连续11年的研究：美国高校在线教育发展态势稳定，在线课程注册学生持续增加，在线教育质量逐渐被教育主管部门认同，大多数院校将在线教育作为长期发展战略。美国总统奥巴马在2014年度发表的国情咨文中，着重强调发展在线教育。奥巴马表示，未来两年将有1.5万所学校和2 000万学生可使用高速互联网完成在线教育。

在线教育发展态势如火如荼，传统教育出版企业无疑面临着巨大的发展压力与挑战，在线教育对传统纸质教材及相关传统出版物的蚕食显而易见，但更为严峻的挑战则来自于在线教育更为鲜明的趋势性优点与特征：在线教育突破时空限制，教与学不必面对面，知识获取方式更为灵活；碎片化学习，使学习活动具有了更大的随机性和自主性，学习活动更容易满足个性化需求；海量内容任意选择，除了K12教育（指小学到高中的基础教育）、高等教育外，还包括各类学前教育、职业教育、兴趣教育等细分领域，满足了不同人群的学习所需；教育资源的平等共享，学习门槛的降低，使教育权利最大程度地实现了去专属化、区域化，真正促进了平等享有教育权利的实现；等等。因此，越来越多的人开始乐意尝试这种新型学习方式，可以说教育活动借助在线发展已经成为不可逆转的趋势。

传统出版机构虽然进行了大量的探索和实践，但局部的案例或成绩还不能支持结论性和全局性的评判，需要进一步寻找和探索更为有效的路径。

20世纪末，面对信息化、数字化的挑战，传统出版尤其是教育出版进行了积极的应对与转变。以高等教育出版社为例，早在1992年高等教育出版社（以下简称高教社）就与北大等国内20多所高校组织研发了《计算机辅助大学物理教学系列软件》，成为我国当时在DOS平台上运行的规模最大、系列性最强的计算机辅助物理教学软件系统；他们承担"九五"国家重点科技攻关项目——计算机辅助教学软件研制开发与应用中的高等教育专项，建成了100多种CAI课件和试题库，在高校得到广泛应用；在"新世纪网络课程建设工程"中，高教社共建网络课程300门和资源库10个，推动了我国高等学校数字化教学资源的建设和应用；2003年，高教社启动教学资源立体化建设，参与"质量工程"国家精品课程建设，组织研制、出版、发行了一大批立体化教学包、教学资源库、学科网站，促进了优质教学资源的集成与共享；在职业教育领域，他们建成了"教材＋数字化教学资源＋网络平台"的教学资源体系；在学术出版领域，以Frontiers系列英文学术期刊为基础形成了高质量的学术出版数据库；制定了国内第一套图书、期刊内容结构化标准，成功研发了数字复合出版系统；建设内容管理平台，实现图书、期刊、多媒体素材、试题库、数字课程等结构化内容和非结构化内容的统一存储、查询和管理，支持数字化资源的社内共享和二次集成，为对外运营服务提供内容支持等。这一阶段，从高教社的发展脉络可以发现，在线教育体现在教育出版领域，鲜明的特点是集中于内容资源的数字化建设及相关配套工作的数字化实现。

最近几年，这一情形发生了明显的变化，突出的表现是在线教育的发展重点从原先的内容资源数字化建设转移到了开放性课程建设。先是教育部批准并扶持了一批高等院校利用互联网教学，同时催生了第一批为高校服务的在线教育平台。之后，政策的进一步放宽给予了大量资金进场的机会，互联网公司的大量创业项目找到了新的空间和舞台。最近一两年国际、国内的互联网热点事件充分地体现了这一特点。国际上，亚马逊宣布收购在线数学教育服务商TenMarks，谷歌开始测试其C2C在线教育平台GoogleHelpouts；在国内，阿里巴巴、百度、腾讯等互联网巨头，纷纷于2013年前后进军在线教育，新东方、YY教育、学而思等更是加紧了在线教育的前进步伐；再加上MOOCs在全球范围内遍地开花，这样的局势对传统出版行业市场的抢夺已经有了革命性的意味，可以说传统出版行业已经处在了不进则退的尴尬境地。仍以高教社为例。近几年，高教社根据教育教学需求和用户反馈，持续建设了网络教学平台，并努力提升系统的开放性、灵活性和可定制性；同时，在教育主管部门的积极推动和支持下，他们建立了"爱课程网"这一高等教育课程资源共享平台，集中展示"中国大学生视频公开课"和"中国大学资源共享课"。这些努力，在推动传统教育出版机构服务教育教学、承载优质资源、联结学校师生等方面发挥了积极的作用，为提升我国出版领域数字化整体水平产生了积极的影响。不过，也必须看到，传统的教育出版机构在与互联网巨头或新兴在线教育实体竞争的过程中，在内容开发、生产模式、营销及盈利模式等方面，仍然存在一系列的难题，即便像高教社这样的出版机构，虽然在这方面已经进行了多年探索，也取得了一些成效，但局部的案例或成绩还不能支持结论性和全局性的评判，需要进一步寻找和探索更为有效的路径。

传统教育遇见在线教育，传统出版遇见数字出版，都是自身在新技术时代的发展与重生。

当在线教育风起云涌之时，它的先天劣势也愈发凸显。如在线教育缺乏现场感，互动交流受到很大的限制，情景教学无法实现，学习闭环无法建立等；同时，在线学习对学习者的自我约束能力提出了较高要求，因此学习效果难以保证等。近段时间MOOCs的悄然降温从一个侧面也说明了这点。在线教育的优点是互联网技术以及移动互联技术对传统教育教学的改变、革新与促进，这种技术革命将不可逆转地彻底改变原有教育模式与体系。但我们也必须看到，互联网技术，以及不断涌现的新技术对传统教育的改造必将是个漫长而复杂的过程。这个过程一定伴随着传统教育模式与新技术互有进退、融合渗透、突破与回归不断往复的螺旋式上升和前进。在线教育的缺陷正是在提示我们，在新技术革新甚至技术革命中要充分认识教育本身的高度复杂性，在充分利用新手段的同时，不断地坚守教育本质、尊重教育规律。在不断地突破与回归中，带来新技术形态下的教育新样态，那必将是更加高效和更符合教育规律与学习规律的样态。从这个意义上说，我们正站在传统教育形态向新教育形态转型的关键时间点。

传统出版与数字化、互联网时代的出版也处在同样的博弈期，但博弈的目的不是你死我活，而是在更加充分地市场化、国际化、数字化以及互联网化，或者说新技术化的进程中实现新的产业链重组、业态重构，从而实现传统出版在新技术支撑下的蜕变与重生。

就目前来说，中国出版业正处于产业转型升级的关键时期，众多出版机构都在进行积极的探索和实践，但放眼全球，还没有找到相对成熟和成功的案例。这预示着这个探索的过程必然是曲折而充满阵痛的。仅就教育出版而言，业内也尚未对其业务流程、产品形态和盈利模式形成统一的认识，巨大的投入与短期内投资回报的不可预见性都将成为出版机构进一步深入探索实践的障碍和壁垒。而传统出版机构在与新技术的嫁接和联姻过程中，如何坚守和把握出版的本质，如何将优质精品内容资源的选择、组织、生产、传播及相关服务与新技术完美融合，将是传统出版行业、出版机构经过这样的转型升级过程后仍然能继续保持和确立对产业的主导权、控制权以及在产业链上的主体地位的关键。

无论是传统教育遇见在线教育，还是传统出版遇见数字出版，这都是教育与出版自身在新的技术时代的必然遭遇，也正是它们实现转型与升级的重要机遇。在这样的时代浪潮激荡中，孕育着教育与出版勃勃的重生契机，我们期待着他们历经阵痛后的华丽重生。

（作者为高等教育出版社编辑）

教育数字化拨开云雾一路前行

张桂婷

　　近几年，大量热钱涌入在线教育领域，投资者普遍看好其前景。作为内容生产者的出版机构由于自身转型发展的需要，也纷纷涉足教育数字化版块。与互联网、教育培训等企业相比，出版机构的教育数字化进程在整个市场中并不是被关注的焦点，但其秉持着积极态度，试图为自身在教育数字化领域闯出新路。

积极参与者

　　在线教育领域群雄逐鹿，出版机构是众多参与者之一。凤凰出版传媒集团数字化中心主任、江苏凤凰数字传媒有限公司总经理宋吉述将这一领域的参与者分为四类：第一类参与者是互联网公司，其中包括BAT等大型互联网公司向教育方面的自然延伸与拓展。第二类参与者则是出版机构，他们主要针对B2B市场，推进了区域性教育平台的开发。第三类参与者是众多的教育装备及教育软件公司，其中包括原来做白板、电脑的公司以及原来做软件开发和教育服务集成的公司。第四类参与者是曾经风光一时的各种教育培训机构，譬如学而思、新东方等。其中出版机构多是以内容提供商的身份出现在教育数字化生态系统中。正如宋吉述所言，出版机构虽然不是一个赚足喝彩的教育数字化主角，但也是积极的参与者，而且未来有可能成为数字化基础教育服务的主力军。

目前，涉足教育数字化的出版机构不在少数，其中包括全国80家出版教材的出版社、400多家涉足教辅出版的出版社，还有一些民营教辅出版机构。纵观这些参与对象，教材出版机构多是围绕教育的核心内容——教学进行的，而大多数出版机构主要涉足教辅领域。从教育数字化的具体产品看，一些教育出版机构在搭建数字化平台，并取得了良好的成效，如江苏凤凰集团的学科网，安徽时代传媒的"时代e博"，新华文轩的明博教育，高教社的爱课程、全国高校教师网络培训中心，人教社的人教学习网等。一些出版机构在建设教育应用项目方面颇有成效，如外语教学与研究出版社的英语学习解决方案、华东师大社的智慧树全媒体数字教育解决方案、教育科学出版社的学前教育数字智库，更多的出版机构还处在数字教育的初级阶段，也有一些出版机构在该领域没有任何举措。

问题和误区

出版机构参与教育数字化的积极性有目共睹，其具有潜在颠覆性的数字化教育产品亦不少见。然而在这看似繁荣的景象下，却是暗流涌动：在庞大的产品基数下，很多产品并没有得到市场的认可，真正实现盈利的出版机构少之又少。外语教学与研究出版社教辅出版分社社长张志纯在谈到教育数字化对于中小学的影响时坦言，中小学教育数字化主要集中在课堂内，比如电子书包、电子白板等项目，采取教师带动学生统一使用的方式。而数字化教育产品在整个课堂外的时间里，发展得还不是很充分，盈利状况不容乐观。张志纯进一步阐释说，所谓的不充分并不是说没有机构去做这些工作，而是有两个问题值得思考：第一，学生自身到底有多大需求，以及课后有多少时间去使用。第二，提供这些服务的产品，是不是学生真正需要的。

目前国家对出版机构教育数字化提供了扶持资金，但是在帮助构建完善商业模式方面还需要加强。宋吉述坦言，在内容资源建设方面，可以申请到一定的资金扶持，但是扶持力度还比较小。他强调，政府的扶持重点更应该放在建立起好的商业环境上，也就是要加大教育资源版权保护力度，打击盗版。当前，许多教育机构利用教育的公益性特点，公然盗用或滥用教育资源，把许多出版社花大资金研发出来的教育资源免费上网，给研发者造成了很大经济损失。教育机构应该有明确的版权意识，明确合理的收费方式，从而推进教育数字化商业模式的健康发展。

缺乏创新的运行机制、没有核心技术以及人才缺失等问题也是出版机构在数字化教育发展道路上的羁绊。正所谓"明枪易躲暗箭难防"，看得见的困难总是有多种解决途径，而走入误区就很可能使心血付之一炬。

互联网思维让众多互联网公司的生意做得风生水起，但对传统出版机构未必适用。一方面购买教育产品的多为埋单者而非直接使用者，所以产品不一定是使用者需要的；另一方面内容是互联网公司获取用户的免费通道，与教育出版机构以内容为盈利点的模式背道而驰，因此教育数字化中的互联网思维尚需要甄别。

内容是出版机构在教育数字化领域的核心竞争力，但不能为了数字化而数字化。宋吉述阐述了几个误区：第一是资源库的盲目建设，尤其是题库。由于中小学教育的被动化学习特点，他们很少有人在课后主动做题，题库几乎没有市场空间。陷入此误区的还有微课、微视频，制作方斥资做了很多知识点的微视频，想当然地认为学生在遇到问题时可以查看，对于缺少主动学习能力的中小学生来讲，这并无吸引力。第二是对娱乐化过分乐观。形象化、娱乐化的学习内容与环境是数字教育的优点，但对于基础教育来说却并非如此。实际上，基础教育阶段可娱乐化的内容很有限，娱乐化的方式也很少。另外，多媒体也并非适用于所有学科，如语文课的教学。

很多业界人士认为，资金是制约出版机构做好教育数字化的最大问题。北京明博教育科技有限公司研究院院长高飞却有着自己的看法。他认为，获取资本不是问题，问题是如何将出版机构的内容做好。他说："目前市场上很多出版机构与互联网企业提供的内容区别不大，出版机构能做的，互联网照样可以做，市场上真正缺乏的是精耕细作的出版内容，而很多出版社恰恰没有做到这一点。"

突破点

在众多参与者竞技的教育数字化市场，出版机构还有机会，尤其是在线教育和基础教育领域。根据《2015年中国教育行业信息化建设与IT应用趋势研究报告》数据，2014年中国在线教育市场规模达到824.9亿元人民币，预计2015年将达到965.2亿元人民币。而2015年，普遍被认为是在线教育发展的关键年。

在基础教育领域，数字化需求还是非常迫切的。宋吉述表示，如针对政府与学校的数字化教学设备、教育公共平台，针对学校与教师的教学管理、教育资源，针对课堂教学的教学系统、备授课系统，针对课后复习的作业系统、辅导系统等。

当被问及对于出版机构来说，哪些数字产品具有市场发展前景时，宋吉述表示，这要根据出版机构的特色，只要与内容资源相结合，与地域性服务相结合的各个教育领域，都可以参与。主要有以下几类：

一是教学或学习平台的研发。这种平台虽然不是具体的产品，将来自身也并不一定会产生很大效益，但在教育信息化普及后，是数字化教育内容的主要发布渠道，而且也会从技术上制约或影响具体数字化教育产品的研发。所以，从长期发展看，大型教育出版机构必须对此高度重视。如同在纸质教育出版物时代，掌握新华书店有利于教育读物的发行是一样的道理。二是高端网络课程的研发。出版机构在传统教育出版中，因为掌握了教材等高标准内容，具有很强的垄断性优势，在数字化教育中同样存在这种机遇。当前，大量的教育内容在网上随处可见，许多互联网公司也把免费作为一种竞争手段，所以低水平的网络资源根本不缺，缺少的是高端的体系化、知识密集化的课程性资源。三是配合传统教育内容所研发的各种应用类产品，例如英语学习类软件。这些应用性产品可以与教材、教辅相结合，一方面促进纸质教育读物的发行，另一方面也会获得用户和独立的商业价值。四是利用传统教辅的用户优势，发展在线培训等。数字教育将来很大的市场机遇是在线培训，出版机构可以借助大量的教育用户优势，引导用户向在线教育发展，从内容资源提供商向教育服务商转变。

出版机构的教育信息化已是大势所趋。针对未来教育信息化的发展前景，宋吉述坦言："道路会比较艰难，但前景比较看好。现在出版机构所面临的困难比较大，如互联网内容免费等运营模式对数字化教育产品的商业模式产生很大冲击。所以，出版机构能否调整企业目标，加大投入，寻找到好的发展模式，还有很长的路要走。"

（作者为《出版商务周报》记者）

教育数字化——出版社如何顺势而为

王　健

作为教育出版领域的一线工作人员，看了《出版商务周报》第398期"教育数字化，拨开云雾一路向前"这一专题，我深有感慨。

近年来，随着教育信息化的不断推进，教育数字化产品如井喷般涌入市场。虽然数字化教育市场呈现一片繁荣之景，但正如《出版商务周报》所说："在激烈的市场竞争中，出版机构作为重要参与者之一，在教育数字化探索之路上取得了不少成果，同时也面临着诸多困境。"在转型过程中，很多传统教育出版社在互联网教育企业的冲击下，产生了很大的危机感。

我认为，传统教育出版社在数字化转型中大可放宽心态。传统教育出版社有内容、懂教育、在区域化运营方面有着长期积累，如果能发挥自身的产品优势、专业优势、区域优势，一定能在数字教育领域大有作为。

1.发挥自身的区域优势，迅速融入国家的教育信息化大计划中去

2014年11月，教育部联合多部委共同发布了《构建利用信息化手段扩大优质教育资源覆盖面有效机制的实施方案》，意在"构建利用信息化手段扩大优质教育资源覆盖面的有效机制，逐步缩小区域、城乡、校际差距"，加快推进教育信息化工作。方案的推出，让社会各方都看到了教育信息化的巨大机遇。

传统教育出版机构应迅速融入这一计划中去，既要发挥自身在政府、组织关系运作方面的丰富经验，也要发挥自身的区域、资源、渠道优势，在各地的教育信息化计划中扮演举足轻重的角色。这是众多互联网企业所不具备的。

2.发挥自身的产品优势，坚定不移地做好"媒体融合"

面对如火如荼的数字化教育市场，面对媒体融合的大趋势，传统教育出版要尽快推动传统产品和新兴媒体在内容、渠道、平台、经营、管理等方面的深度融合。传统出版与新兴媒体的融合，不仅是传统出版自身在互联网时代下实现根本转型的必要手段，也是传统出版与新兴媒体发展的共同选择。

纸质图书是传统出版社进入在线教育的有力武器。这么多年来纸质图书已很好地切入到教育数字化的"应用场景"中去了。如

何让传统的产品（线下）发挥"数字服务导入"（导入线上）的作用，如何实现这个应用场景的效应最大化，是当下传统教育出版社可以去大胆尝试的一个方向。

传统出版社无法去跟大的互联网平台拼用户和流量，那样只会让创新项目转入一个"黑洞"。唯有利用自己既有产品的入口优势和品牌优势，把自己擅长的垂直细分领域做深做透，才能在数字教育领域大有可为。

3.发挥自身的专业优势，从"小数据"到"大数据"

教育出版机构，作为传统的内容生产企业，往往知道是新华书店或者代理商等帮自己卖图书产品，但要具体到是哪个读者买了，恐怕一时难以回答。出版机构即便知道谁在买，也不知道读者是如何做决定的，更不知道他们用得如何，出了什么问题。这也就无法形成自己的商业闭环，因为出版社无法拿到自己的终端用户数据。

而教育数字化，相对于线下教育的一个重要优势，莫过于可以提供面向用户的基于"大数据"的个性化服务。这种基于"大数据"的个性化服务，参考价值自然非同一般。教育数字化为传统教育出版社提供了千载难逢的好机会，依托数字化的手段，通过积累用户数据，最终形成拥有用户行为数据的"商业闭环"。

当然，传统教育出版社，在初期不宜贸然开始一个非常大的

"大数据"项目。数据化往往比较适合从小而具体、容易评估效果的案例开始，以此锻炼自己收集、加工、使用数据来做决策，以及衡量这个数据价值的能力，即以小知大。从小的应用场景开始，用数据在未来实际场景中不断优化。透过一个区域、一个学校、一个班级、一个学科的"小数据"积累，再辅以自己的专业优势，可以不断形成自己的"大数据"，从而更好地服务于最终客户。

（作者为华东师范大学出版社副社长）

数字化趋势下教材教辅出版须转型

张桂婷　周　贺

根据《教育蓝皮书：中国教育发展报告（2013）》，2013年教育培训行业市场规模达9 600亿元，而线上教育的市场规模为981亿元。在这种现实情况下，教材教辅出版机构该如何面对眼前的机遇和挑战呢？

在线教育是大势所趋

目前大量资本涌入在线教育领域，在线教育公司的融资额动辄达千万美元。腾讯、淘宝同学、学大教育、新东方在线这些互联网巨头或者线下教育巨头都非常看好这块"蛋糕"，频频出手。

陕西师范大学出版总社数字出版事业部主任曹联养认为，面向公民自我成长、职业进化的课程，将会实实在在地改变人类文化传承与知识学习的方式。"在线是手段，教育是根本目标。手段越丰富多样化，对教育领域来说肯定是好事。"浙江大学出版社数字出版中心主任童华章也肯定了在线教育的积极意义。

但一些教育评论家认为目前在线教育离爆发点尚远，投入大、盈利少，是"虚假的繁荣"。中山大学出版社总经理助理曹巩华认为，这只是资本进入有巨大盈利空间的行业领域的一种表象，即经济学中的"财富转移"现象。他认为，移动教学、在线教育本身是大势所趋，存在着机遇。这种机遇表现在两个方面：一是教育产业庞大的市场规模，二是这种"繁荣"带来的巨大资本力量。同时，曹巩华也对未来在线教育的发展提出了自己的看法。他认为，"虚假繁荣"的论点值得引起普遍关注，"教育平台"的概念虽然很热，但教育行业的特点决定其不能套用淘宝模式，大量资本支持初创企业做教育平台，但真正能够积累千万用户的极少，将来很有可能如同之前的团购网站一样重新洗牌，大量企业会被淘汰出局。

要满足教学实践的需要

数字化的教材教辅产品，在中小学教育阶段又称为"电子书包"；在高职高专、大学阶段，目前可以说是MOOCs的天下。

中国人民大学出版社数字出版中心主任陈健认为，教材教辅需要结合教学平台的功能进行深加工，教材需要针对具体的学习对象定制，教辅需要针对具体的教学环节进行设计。而在线教育需要完整的教材教辅体系，教材教辅、教学方法、教学过程紧密结合在一起，共同提供在线课程。中国人民大学出版社建设的教育教学资源库和人大芸窗数字教材平台，正是这种"提供平台＋数字教材＋教学资源＋教学服务"的一体化数字教材出版模式。

浙江大学出版社是较早涉足教材教辅数字化出版的机构之一，这方面的工作包括在基础教育和高等教育两个领域，主要通过系统平台二维码、移动APP碎片化应用等来实现数字化教学。浙江大学出版社数字出版中心主任童华章表示，数字化教材教辅如何出版，并不是由出版社单个组织来决定的。数字化教育产品宏观开发上要符合国家教育发展的需求，微观上要符合教学用户的内容需求和使用习惯。要以用户为中心，结合自身能力和特色，做出符合终端用户的产品。既不搞大而全，也不搞一窝蜂，注重产品规划和用户需求的更新，不断迭代满足用户的需求。

　　对此，曹巩华也持相同的意见。他认为，数字化教育产品必须符合市场特质，起初可以是很小的一个点，然后再慢慢放大。不要一开始就搞"高大全"的大规划、大项目。有没有前景，要靠市场说话。

数字化三大要素

　　数字化出版无论怎样发展变化都离不开人才、资金、渠道这几个要素，教材教辅的数字化出版也是如此。"要做好教材教辅的数字化出版，第一要务就是要有相应的专业人才。"浙江大学出版社数字出版中心主任童华章表示，这里所说的专业人才包括优秀的作者、编辑人才，只有这样，数字化教材教辅的内容才能得到保证；也包括优秀的技术开发人员，是他们使数字平台的搭建成为可能。资金方面，人民大学出版社数字出版中心主任陈健认为，数字化教材教辅的出版投入都比较大，所以出版社要有持续投入的资金准备。

关于渠道方面的建设，中山大学出版社总经理助理曹巩华认为，可以根据读者范围分为三个渠道，首先是校内的读者，其次是省内甚至国内其他学校的读者，最后是更远的海外市场的读者。三个渠道的建设是一个循序渐进的过程，借助出版社自身的内容优势和数字平台的传播优势，积极扩大自身的影响。

教育出版数字化困难重重

教材教辅的数字化出版是大势所趋，包括在宏观方面，国家宏观政策提倡数字化出版转型，很多出版社在进一步实施和探索数字化出版。每家出版社的具体情况不一样，他们各自具有的优势不同，但有一点是共通的，那就是出版社的内容优势。

浙江大学出版社数字出版中心主任童华章认为，在数字内容的制作上，有一点非常重要，就是内容的标准规范化建设。只有包含规范标准化内容的产品在与各渠道、电商等平台合作时，才能快速地投放到市场上。

国家文化产业发展基金对数字平台建设提供了大力支持，大型的出版社几乎都建有数字平台，但好多中小型出版社在基础数字平台搭建上存在一定的困难。各平台之间的关系相对独立，没有互连，这就形成了一定的重复建设。中山大学出版社总经理助理曹巩华对此提出了相应的建议。他认为，可以在国家层面上建立一个顶层的系统规划设计，建设几个基础性的平台，满足一般出版社开展数字化产品推广的需求，出版社则专心做产品，这样数字化战略的效果可能会较好。

目前，各大资本及行业纷纷将投资转到在线教育中，使得做内容的出版机构几乎很难分到一杯羹，这其中的原因与出版行业内容资源分散、懂技术懂传播的人才少、资金短缺有关系。东南大学社数字出版部主任杨澍还提出了教材教辅数字化出版的另一个瓶颈，就是编辑观念的问题，有些编辑观念上有些陈旧，对新鲜事物的接受度不高。

（作者为《出版商务周报》记者和实习记者）

出版社做在线教育的那些"坑"

高 飞

"生活态"与"工作态"之别

大多数互联网企业做产品的目的在于如何去突破生活中的点点滴滴，从而让生活更便利，与之相应的产品经验自然也留于日常生活领域。这种生活中的点滴，比如聊天、打车、购物，我们称之为"生活态"。对应地，人们在工作中的场景，我们称之为"工作态"。而与教育相关的业务，更多地体现为"工作态"。

在生活态中，约80%的人会积极参与，20%则没那么积极。而工作态往往相反，通常认为，20%不到的师生才是积极主动学习的人群。因此，生活态中互联网产品满足人们的需求相对容易，而对于工作态中的产品，需要更加精准地切中刚需，并通过多种推拉手段，才能逐渐培养用户习惯，从而真正实现产品的应用。比如企业ERP、财务软件、各级政府公文传输系统，除了其中业务流的刚需外，往往是通过行政强制手段，才能推动用户的真正使用。而现在的在线教育等工作态产品，还在采用奖励、返利等手段来拉动用户，以期培养习惯，形成黏性。因此，在做在线教育产品时，如果企业完全照搬过去互联网公司总结的经验，则掉入了第一个坑。

客户与用户之别

客户，指对产品的购买或应用有决定权的角色；用户，指对产品直接使用的角色。

在互联网产品中，客户与用户通常是一个人，而在教育产品中，多数情况下，客户与用户不一致。互联网企业可以在用户的使用过程中，通过种种方式对其购买和使用过程进行了解和探索，获取客户与用户两者的喜好和意见，从而对产品进行修正和改善。

相反对大多数出版机构来说，由于忽略了客户与用户的区别，直接导致了一些矛盾的出现：一方面，天然具有客户资源优势，比如通过纸质出版维系的客户关系，往往会对产品设计人员的关注点有一定的诱导，从而对客户需求，而不是用户需求更具倾向性；另一方面，出版机构的传统业务部门往往不能及时转变思维，不能够提供免费的内容，直接影响了用户的体验感。

平台"坑"

在互联网企业里，目前规模最大的企业往往是做平台的，平台产品不仅利润高，而且更具有产业链主导权。无论在互联网时代，还是之前的各个时期，平台的本质是通过连接业务的不同角色，给各方提供额外附加值。

互联网企业平台角色突出，而出版机构通过构筑平台的方式进入在线教育领域，汇聚的商户会显得比较单一，提供的附加服务也比较有限。作为一家出版机构，如果要想汇聚更多的内容提供商，往往会让自己陷入两难境地。如何在裁判和运动员角色之间进行权衡，是否亲自建设平台，是一个需要深入考虑的问题。

与互联网企业的同质竞争

携用户、内容、政策优势，出版机构难道不能同互联网企业争抢同一块市场？

这个问题的关键在于，上述优势资源，是不是进入该行业成功的关键性资源。如在有政策壁垒的行业譬如烟草及盐业，政策资源则是其成功与否的关键。那么对于在线教育行业，用户、内容及政策优势是其实现与互联网企业争抢市场并实现行业成功的关键资源吗？

目前，我国不少出版企业在考虑通过APP等方式，尝试甚至复制互联网教育应用，进入在线教育这个广阔红海。另外，我们看看最近拿到投资的几家互联网在线教育企业，用户数量方面，均已上千万，数量级上，达到了出版机构拥有却不能亲自触及的线下用户数；内容量方面，上千万条的K12题库，超过了现有独立的任何一家出版机构；政策方面，在国家没有进行限制的前提下，其应用可以进入每一间教室及每一位学生的手机。

如何实现差异化竞争？专注于内容进行深度挖掘，还是舍弃短期红海竞争，通过关注10年后未来的长远规划实现弯道超车？这恐怕是另一个绕不过的坑。

（作者为北京明博教育科技有限公司研究院院长）

案例篇：

结合自身实践的探索

1.大社和小社的转型之道

　　在出版社转型的实践中，大集团有大集团的策略，小出版社有小出版社的方法。我们在这里尽可能地选择了类型各异、大小不一的出版企业，以期给不同的读者以借鉴。同为出版集团，江苏的凤凰出版集团和浙江出版集团模式不同，前者有统有合，后者集中于一家公司来运营。如何在集团内发挥出不同模式的优势，读者可以自己分析。两位记者关于浙江大学出版社和人民出版社在数字出版方面的探索，也是各有看点的，尤其是浙江大学出版社成熟一个剥离一个的孵化模式。而二十一世纪出版社张社长从大数据的角度展望儿童阅读推广，更为我们打开了一个新的视角。此外，作家出版社、黄山书社、鹭江出版社和五洲出版社关于转型的文章，各有侧重，各具特点。

　　企业的转型之路，可以借鉴，无法模仿。出版社的数字化转型，当然不仅仅是生产流程的转型和业务的转型，它应该更多的侧重于——在一个全新的阅读时代，出版企业怎么找到自身企业的定位。借用工信部副部长怀进鹏的话来说：能够在大势当中判断并把握发展的转折点，在转型当中提高持续发展的能力，并在转型中创造出新的竞争力的企业家就是成功的企业家。

凤凰出版集团：创新数字出版机制

宋吉述

江苏凤凰出版传媒集团（以下简称凤凰出版集团）的数字化建设经过几年的发展，已经形成了以集团内数字化中心为主的专业化队伍与出版社数字出版部相结合的数字化建设机制。

层层推进探索数字出版

凤凰出版集团自2006年就提出了数字化发展战略，并将其定为集团发展六大战略的首位。2008年成立了集团数字化中心，统筹推进集团数字出版业务。该中心有三项职能：第一，为集团信息化建设服务，也就是信息中心职能，主要做ERP、OA等。第二，统筹、推进各单位的数字出版业务；第三，独立承担大型数字出版项目。同年凤凰出版集团投资3 000万元，组建凤凰数字传媒有限公司，专注于数字出版业务。同时各社根据集团要求，都成立了专门的数字出版部，一般有3~5人，各社的数字出版业务一般都由数字出版部负责。

凤凰出版集团在大众图书数字出版方面的探索分为三个时期。

第一个时期，与有关数字内容运营公司或数字内容平台合作。2010年前后，各社自发性与超星、方正、龙源等数字内容公司合作。这方面收入并不多，全年收入约20万元。第二个时期，各社自觉地运营数字内容。2011年前后，凤凰出版集团要求各社都要成立数字出版部，专门从事数字出版工作。因此，各社也都开展了一些运营活动，主要集中在与运营商合作、自己尝试开发数字项目或平台等方面。2012年前后，APP崛起，江苏科技出版社等开始制作部分APP多媒体图书，有的还取得了比较好的效果，如《针灸穴位图》等，上过排行榜并有不错的收益。同时，出版社开始重视与运营商的合作，特别是中国移动的阅读基地，出版社开始自行接入并运营。江苏文艺社在移动阅读基地年收入达100万元左右。第三个时期，巩固基础，全版权运营。各社意识到数字出版不仅是与运营商合作，也不是自己开发几个APP，而是基于丰富的版权，进行多元化的版权运营，所以，各社普遍加强了版权的收集与运营。凤凰联动参与拍摄了其出版的小说《山楂树之恋》，译林社所属的凤凰雪漫也正在把小说《左耳》变成影视剧。

发展之路问题仍存

面对市场压力，凤凰出版集团的数字出版业务谋求生存和发展也需要经历一定的曲折。在发展过程中，集团数字出版经营方式的特点是盘子小、增长快。2013年凤凰出版集团数字出版总收入4亿多元，占销售比例较小，但相较于前年，有了100%以上的增长。与其他集团不同，凤凰出版集团的收入主要是软件和内容收入，硬件收入比例极低，大众图书的销售额4 000万元，仅占数字出版收入的10%。在销售渠道方面，凤凰出版集团也有自己的特色。集团内主要有三种方式：第一是运营商平台，这是大众阅读的最主要收入来源；第二是自有平台，占比不大；第三是一些区域性系统化项目，例如，凤凰出版集团承担了江苏省数字农家书屋建设，收益1 000多万元。

这样的发展现状也暴露了数字出版存在的一些问题。第一，出版社对内容的创新与掌控力在逐渐削弱，从而直接影响到数字出版的竞争力。其实，当前出版社在数字出版方面的被动，主要原因在于对优质内容的掌控不到位。第二，数字出版的盈利模式仍然不太好。虽然收费阅读的模式正在形成，但人们的总体付费意愿较低。收费不高，远不能与传统出版相比。第三，版权环境仍然恶劣。近几年，国家加大了对视频版权的维护力度，视频侵权现象得到明显改观。但文字性内容为主体的阅读产品，因盗版容易，没有根本性改变。在版权授权方面，外版书的授权还尚待加强与国外作者和出版机构的洽谈，而国内部分纸质书没有电子书版权。尤其是名作家、热门图书，作者对数字版权要求较高，出版社在很多情况下无法取得。这也是数字出版的障碍之一。

凤凰出版集团的发展压力也不仅仅是来自于这些问题，集团毕竟是要以盈利为目的经营的。由于数字出版的发展还处在探索阶段，利益模式尚未成熟。出版社在数字内容运营方面总体上还处于弱势，所以，与运营商的协商中，往往分成比例不高。

（作者为江苏凤凰数字传媒有限公司总经理，整理：黄 璜）

浙江出版集团：探索数字化升级路径

朱卫国

浙江出版集团数字传媒公司成立于2009年12月，注册资金2 000万元，是浙江出版联合集团内开展数字出版的专门机构，承担着为集团数字化升级转型探索可行路径的任务。2010年初，集团出台了《关于整合集团数字出版资源及业务的决定》，明确规定了公司为集团数字出版业务的唯一出口。按集约化原则，浙江出版集团十家出版单位的内容资源由数字传媒公司统一管理、统一开发、统一运营。数字传媒公司下设技术、数字资源、数字阅读、数字教育等业务部门，开展数字阅读、数字教育、特色数据库三大业务。下设业务部门分别负责计算机软硬件维护、开发、数据库编辑，数字业务如手机、动漫、在线教育、电子书、在线出版等项目的开发和运营。

现如今，浙江出版集团数字传媒公司拥有"博库数字内容投放平台""本唐在线出版服务平台""博览数字资源管理系统""浙江文化资源数据库服务平台""集文网"等多个数字出版平台。

三大目标引领集团数字化

浙江出版集团数字传媒公司计划经过五年的发展，把公司建设成为：特色鲜明，市场竞争能力较强，在全国具有较大影响力的面向全球华语市场的数字资源生产、传播、运营服务商，并且实现三个主要的目标。一是公司在3~5年里完成对集团及集团下属各单位业务管理及内容生产流程的数字化改造；完成集团近六万种图书资源的数字化工作，建立起以内容管理为基础，以知识节点为关联，支持全文检索、数据挖掘和内容重组的海量、权威、具有专业特色的集团核心内容资产管理库。二是以集团在特定出版领域的优势为依托，在数字教育、数字版权运营、特色资源数据库服务等重点项目上进行探索。三是推动集团转型升级，实现传统出版与数字出版的融合发展，建立起在新兴文化产业领域的业务体系。

目前，浙江出版集团全品种图书数字化工作已经基本完成；集团数字出版的管理制度与运作体系初步建立；与新媒体产业链的各方，包括运营商、技术商、新媒体渠道等实现了有效对接；对数字出版的盈利模式与市场化运营的方向也有了成功的探索；在数字阅读、数字教育、特色数据库等数字出版发展方向上取得了较好进展。数字传媒公司的数字产品主要通过无线运营商、国内外电商平台、海外数字图书馆采购、机构资源内容定制、图书配套资源这几个渠道进行销售。2014年，预计集团与数字出版（含实体书网络销售）的营业收入将达到7亿元。目前占营业收入最多的还是电子书，特别是畅销书作者的电子书。在售的电子书里，按销售数量排名，主要的类型依次为小说类、少儿类、财经类、古籍类图书，占到了总数的85%。在数字公司数字产品销售的总金额中占百分比最高的渠道目前是电信运营商渠道，约为60%，其后依次是国内外平台商、机构内容资源定制、海外数字图书馆采购。收益方面，主要视电子书本身的质量、销售量来决定收益分成，并根据不同的平台而有所调整，与电信运营商的分成一般从四六到五五不等。

数字出版市场仍需培育

我国的数字出版产业在国家的政策支持和推动下，保持强势增长势头，但与传统出版相关的数字内容出版所占的份额很小。数字出版的消费市场还处于培育期。

一方面，企业投入力度加大，发展格局有所破局，传统出版与科技融合的步伐加快，数字出版的盈利模式日渐清晰。几年前，提到数字出版，许多传统出版从业者能想到的就是把纸质书的内容数字化，认为这就是数字出版。现在许多传统出版从业人员已经开始应用数字技术进行数字出版商业模式的探索。当时，传统出版业从事数字出版，几乎没有可持续的盈利模式，都处在基础投入阶段。现在，一些传统出版单位在这方面已经获得一定的突破，在专业出版领域，形成了一些特色数据库，取得不错的业绩。在教育出版领域，形成了能产生盈利的在线教育平台；在大众出版领域，传统出版社出版了许多畅销的电子书和其他数字出版产品与服务。当前，电商、技术商、运营商等将触角伸向了内容生产领域，一些大型门户网站纷纷开设图书频道，汇集原创网络文学、出版社出版的图书、网络杂志等内容资源。

另一方面，数字出版内容投送平台呈现多样化。数字出版内容投送平台是推动产业发展的突破口，目前基本形成了运营商型内容投送平台、文学创作型内容投送平台、技术服务型内容投送平台、互联网门户或信息服务型内容投送平台和电子商务型内容投送平台五大类别，呈现出多元化的发展态势。与此同时，传播渠道更新换代，数字出版中心向移动互联网转移。突出的终端优势和渠道优势，使得通过移动互联网获取信息的用户越来越多；终端的技术升级使得许多注重品质阅读的人群在手持终端上进行阅读。移动互联网可以让人随时随地获取资源，付费问题作为困扰数字出版发展的瓶颈之一，在移动互联网时代得以解决。现在，无线阅读已经成为大部分传统出版单位数字出版收益的主要来源。

数字出版有着美好的发展前景，但目前还面临一些问题。归纳起来，大致有以下几个方面：

一是数字化产业收入尚未形成规模，盈利模式不清晰。目前，除手机出版、网络游戏、个别文学原创网站外，无论是新媒体还是传统出版单位的数字化转型，都在盈利模式上面临很大困难。特别是传统出版单位开展的数字出版，在整体经营上尚未找到盈利模式，处于投入大于产出阶段。这也是传统出版单位在数字出版面前顾虑重重的主要原因。

二是复合型人才匮乏。数字出版的核心竞争力是数字技术创新能力和管理能力，而提升数字技术创新能力和管理能力的关键是人才。数字出版发展中的另一个突出问题是：复合型人才极度匮乏。这里提到的复合型人才，主要指的是对传统出版流程和数字技术及经营管理都比较熟悉或精通的人才。目前，数字出版正在从加强认识阶段向实际操作和实施阶段发展，仅仅认识到数字出版很重要没有意义，更重要的是要懂得如何操作、如何开发、如何盈利。

三是数字出版产业的法规亟待完善。当前数字出版业正版的电子书销售，因为违法成本比较大，机构或个人侵权问题已比较少。但是第三方对购买的正版电子书进行技术破解，然后在各大论坛等网络渠道进行内容传播和销售的问题比较突出。相对于出版社追究其法律责任的成本与赔偿，其违法成本比较低，目前较难进行具有规模的有效打击。

发展数字出版实际问题亟待破解

过去几年里，浙江出版集团一直积极地面对数字时代的形势，经过探索实践，我们发现了一些实际的问题。

首先是早年出版的图书数字版权问题。浙江出版集团曾经出版过很多精品图书，纸质版已经较难买到，但还是有一定的用户需求。由于当年图书出版的时候还没有数字版权这个概念，相关的合同条款有较多歧义，而重新获得作者授权的难度很大，导致一大批精品图书不能以电子书的形式重新面世。目前来说，集团所属出版社已经获得数字版权的，数字公司可以直接使用；没有获得数字版权授权的部分外版书，由数字公司直接与机构和作者签约获得数字版权。但是依旧有相当部分的纸质书没有获得电子版授权，并且一般电子书版权合同第一次签署年限为2~3年，比较短。

其次是投入产出问题。由于各电子书平台加密技术和阅读终端的不同，需要提供不同的电子书格式，如亚马逊采用mobi格式、图书馆大多采用epbu2格式、APPle ibooks采用epub3格式，手机漫画还需根据不同的终端设备，对应适配类型终端分别进行加工。此外，现在各平台对图书版式、插图与封面的精度和规格都有具体的要求，古籍类图书还需要进行补字、造字等处理。向海外发行的电子书还需要将部分或全部内容翻译。目前电子书产业还处于初级阶段，相较于销售收益，前期投入的加工、翻译等刚性成本过高。

最后是版权方话语权问题。由于国内传统出版业无论在技术、资金实力、经营理念还是运营方面均落后于平台运营商和无线运营商，平台运营商凭借传播渠道和客户资源的垄断地位，剥夺了数字出版的绝大部分利益，成为目前数字出版中获益最多、活力最强的群体，而出版社和作者由于缺乏谈判话语权和定价权，往往沦为任凭渠道和平台商宰割的对象，收益甚微。

转型与融合成未来主要趋势

当前数字出版领域的竞争可以说进入白热化，越来越多的传统出版社意识到数字化浪潮不可挡，开始转型与融合发展。今年开始，我们发现在版权开发、渠道拓展方面的竞争压力越来越大。

行业融合和垄断也渐成趋势，数字终端不断推陈出新。淘宝、腾讯等巨头开始介入数字出版。终端不但各项硬件指标越来越高，软件应用越来越丰富，而且越来越注重用户体验。随着对数字阅读的了解逐步深入，读者对所阅读的内容和阅读体验的要求越来越高。

数字出版进一步全媒体化、移动化。将文字、图像、音频、视频、动画、漫画、游戏等整合为一体，在形式上呈现全媒体化，一些新的产品已不再仅仅作为阅读产品存在。一些数字出版增加了微博、微信、博客功能以及评论、社交、推荐等功能，形成了功能组合。过去基于出版的纯阅读功能将变成未来基于社交和人机交互的多功能媒体。

数字教育发展势头迅猛，以电子书包为代表的数字教育将成为出版业数字化转型过程中的新"蓝海"。

（作者为浙江出版集团数字传媒有限公司总经理）

浙大社：如何形成数字出版的"核聚变"

张桂婷

作为单体出版机构，在全国100多家大学社，乃至580多家出版社中，浙江大学出版社（以下简称浙大社）无疑走在了数字出版的前列。在五年多时间里，浙大社经历了"数字化建设、数字化探索与数字化战略"三个阶段。目前，该社以数字中心为孵化器，形成了"数字阅读、数字教育、数字学术、数字营销"四大业务，并着重培养每一名员工的数字出版思维，以释放巨大的核能反应。

以数字中心为孵化器

目前，浙大社有两个部门从事数字出版业务：一是数字出版中心，负责出版社"数字化战略"的整体规划、业务探索、技术与内容支撑、数字出版产品研发与市场孵化；二是数字阅读工作室，主要从事数字阅读（即电子书）业务。在数字出版业务的运营上，浙大社的理念是"成熟一块剥离一块"，数字出版中心作为孵化器，探索成功后就交给相应的业务部门负责具体运营。数字阅读工作室就是在数字出版中心运营相对成熟后成立的。

上述提到的数字阅读，实际上就是浙大社的大众数字出版版块。大众数字出版是浙大社最早涉足的领域，2008年开始对内容资源进行数字化加工，到2009年数字化工作基本完成。与此同时，浙大社也在做电子书阅读的市场布局，进行业务拓展。数字阅读工作室成立以后，主要承担电子书业务，包括与京东、当当等主流互联网阅读运营商，与中国移动、中国电信、中国联通手机运营商进行战略合作。

借力构建共赢商业模式

实际上，原来浙大社只做内容加工和宣传工作，现在已经参与到运营环节中，进行商业模式的探索。目前浙大社的数字阅读工作室就在做这项工作。相对于出版集团，大学社的体量比较小，建立自身运营平台的可能性很小，因此该社寻求与国内大型渠道商合作的方式，一起探索商业模式。

在电子书销售渠道方面，相对于互联网阅读平台，手机阅读的销售收入更多，占总收入的60%~70%。浙江大学出版社副社长金更达介绍说："比如我们与中国移动阅读基地，共同合作成立了一个品牌工作室——人文江湖品牌工作室，专门做人文和社科类图书，其中有一个包月产品叫'人文精选包'，这个包月项目由我们自己来运营，同时我们还借助中国移动阅读基地的资源和平台，做与企业相关的阅读。2013年我社获得了天翼阅读基地'人物传记包'的运营权。除此之外，我们还涉足高校图书馆手机阅读方面的业务，通过产品的不断跟进，以此满足高校图书馆的需要。"

为什么要参与到运营中来，这与移动互联网时代的到来关系密切。金更达阐述道："以前我们只要将做好的内容给渠道商就可以了，但移动互联网时代，我们有机会与用户和消费者直接面对面接触，这使得我们关注的焦点从'供应链'转向'消费链'。鉴于此，以后我们的传统出版也会这么做，当然前提是要先将数字阅读版块开展起来，摸索经验，将移动互联网这样的营销手段真正运用到我们的整个出版发行工作中。"

浙大社参与到电子书运营过程中，在战略上有自己深远的考量。他们希望通过现有资源优势，再加上运营方面的合作，构建成一个闭环模式，以此打造品牌，增加核心竞争力。金更达解释说："所谓闭环模式，就是从策划到纸质书出版、包装、销售等构成一个完整的封闭式圆环模式，加入运营平台就是为了打造闭环。与此同时，在数字出版的闭环里，浙大社不仅出版自己的书，还将从外社引进优质图书的数字版权。归根结底，我们正在为做大做强电子书出版主动探索一些出版模式。"

数字版权问题有待解决

图书产业也可以称为版权产业，随着移动互联网的发展，数字版权成为数字出版发展的关键。在这一点上，浙大社早在2003年就开始进行数字版权的获取。在浙大社7000多种电子书中，大多数图书早在2003年就明确了关于数字版权的约定。由于相关数字版权法律条例的不规范，数字版权一直游离在灰色地带，到2011年，国家才明确了数字版权的概念——信息网络传播权及其转入权。金更达表示："对于没有数字版权的图书，如果内容质量好，我们会尽量争取到版权，但并非所有电子书都有数字版权。与运营商合作，我们的版权方面基本上都是明晰的，尤其是中国移动阅读基地，他们的版权审核非常严格，因此基本上不存在版权纠纷问题。"

正如金更达所言，大众领域的电子书是离传统出版最近的领域，是传统出版数字化的第一涉足点，本质上因为出版社有这样一些内容，数字化之后可以直接提升出版社的效益。而像专业数据库这样的数字出版，已超出出版发行行业范围，属于跨界行为。"当然，数字出版也在反哺传统出版，比如目前数字出版品牌已经帮助提升了浙大社纸质出版的核心竞争力，有些作者除了将图书的数字版权授予我们，还在我社出版纸质版图书。为了更好提升纸质出版竞争力，我们也会进一步做好数字阅读出版。"金更达如是说。

（作者为《出版商务周报》记者）

数字出版如何寻求盈利突破点
——人民出版社的数字出版实践

张君成

数字出版的盈利模式目前尚不明朗，这让出版界对其从满心期待逐渐冷却到焦灼不前，相关的探索也陷入了原地踏步的僵局。不过，还是有很多出版社坚持不懈，在"摸着石头过河"的过程中不断积累经验，终于在数字出版领域有所斩获。尽管数字出版所取得的利润还无法与传统出版相匹敌，但其发展潜力还是给出版界带来了希望。

人民出版社（以下简称人民社）近几年一直重点关注数字出版转型，结合自身出版优势，逐渐探索出了一条符合自身发展方向的数字出版之路。

找到突破点　主攻数据库

认真分析自身出版优势与客户需求，是数字出版盈利的突破点。人民社社长黄书元透露，通过不断调研、沟通，人民社最终将数字出版的盈利点锁定在党政资源数据库建设上。这与人民社的出版特色密不可分。一方面，人民社作为党和国家重要的政治书籍出版社，党政资源的丰富性在全国首屈一指，应用在数据库领域自然不成问题；另一方面，党政资源数据库的用户基数大，购买能力强，且能够形成差异化竞争，收益上有保障。为了给数据库的建设提供后备支持，人民社早已完成了数字出版的基础工作，其数字出版基础数据、工作团队、工作体系和相关规章制度都已基本成形。

2010年，由人民社着力打造的中国共产党思想理论资源数据库（党政图书馆）正式上线运营。此套数据库的内容基于人民社出版的党政理论图书，制作方式规范、系统，内容丰富，功能强大。读者可以按照图书、章节，甚至是语句进行检索。对读者所搜索的内容，它可以快速地找到原文，精确地定位到页码、行数。为了方便用户使用，人民社制作了相应的操作视频，供其参考。同时，这套数据库还可以根据用户需求进行特殊安装，离线使用。对此，黄书元解释道，数字出版建设一定要根据用户的需要灵活调整，数据库的建设亦然。人民社在调研中发现，很多党政机关、学校因为保密问题，不能很方便地通过网络数据库查询资料，而离线数据库则能很好地解决这个问题。因此，人民社在网络数据库的基础上制作了离线数据库安装包，将其安装到这些单位的内网机器中便可正常使用数据库。同时安装包附带升级服务，保证数据库的信息能及时更新。"离线数据库安装包的销量很不错，全国人大以及很多知名大专院校都是这个产品的忠实用户，比如中央党校，一买就是五年，我们认为这个产品一定能成为数字出版的新亮点。"黄书元表示。

面对当前阅读碎片化的发展趋势，做精做专和提供更好的服务是人民社的工作重点。"这种形势下，出版社要改变固有思维，积极应对；同时也要相信，无论何时，读者对有用信息的渴求是不变的。"黄书元说。人民社的数据库要想在未来有更大的发展不仅要扩充内容，做精做专，更要转变思维，将重点放在如何为用户提供更好的服务上。

黄书元举例说："比如读者需要关于'改革开放'的内容，那我们就将人民社出版过的著作中有关这方面内容的文章，甚至是段落语句整理出来，以专题打包的形式，提供给读者。在这种情况下，无论是阅读还是引用，都相当便捷。"据悉，人民社将以数据库的形式对其出版的图书进行碎片式管理，一本书的内容会根据不同的主题打碎成相应的关键词碎片，保存到数据库里。该数据库支持语义模糊搜索，只要是符合要求的文本内容即使没有包含关键词，也能被搜索到。

人民社的上述数字出版模式，还涉及微版权问题。用黄书元的话来说，就是版权不再局限于一本书，而是精细到书里的一篇文章，甚至是一句话。"微版权管理将成为数字出版发展的关键，出版社根据被引用率与作者进行收益分配，这对三方都有好处。"当被问到如何保证所提供内容就是读者所需时，黄书元表示，编辑将是解决这一问题的关键，"编辑要把好书、好的内容找出来，然后进行加工。现在我们用数字化方式，根据读者的需求对内容进行更精细化的加工，虽然编辑方式在改变，但编辑的作用依旧重要"。

发展看思路　抱团取暖做大事

总结人民社在数字出版实践中所取得的成功经验，黄书元认为发展思路是关键。"如同写文章一样，如果一开始立意错了，无论怎么做，最终结果都是跑题。"在黄书元眼里，用传统出版的思想做数字出版是行不通的，只有运用工业化、信息化、互联网的新思维，才能理清头绪，找到出路。

而在发展思路上，黄书元提出的最基本要求是：不能将数字出版做出"两张皮"，即传统出版与新兴出版、内容与技术相分离。黄书元希望逐渐弱化数字出版中心的功能，让全社人员，尤其是编辑人员全流程地参与到数字出版中。因此，人民社经常组织编辑进行数字出版相关培训，改变其传统出版固定的思维模式，使其逐渐用新思维去策划更加符合数字出版需要的图书。人民社数字出版部主任马杰认为，数字出版中心在这个过程中也将逐步完成使命的裂变，将其主要功能分散到社里的大平台。

对于数字出版未来的发展规划，黄书元的目标是走专业化、集成化的路线。但仅仅依靠一个出版社，这显然是无法实现的。"就拿数据库举例，未来数据库的要求是内容丰富且专业，所以要求资源有效整合。然而国内的出版资源分布在各省市，给读者造成了一定的困扰。"黄书元认为，在目前这种形势下，各出版社应该团结在一起，共同抵御风险，抱团取暖，互利共赢。"比如说我要做马克思理论数据库，人民社的资源是最丰富的，其他社可以将其零散资源分享给我，最后按比例分成。反过来也一样，人民社可以将自己的零散资源分享给其他社。只有这样，整个出版业才能在数字出版转型大潮中获得发展的希望。"

通过人民社及其他各方的不断努力，2014年12月27日，中国数字出版联盟终于正式成立。该联盟的成立旨在促进资源合作，组织合作营销，开展维权行动，加快推进传统出版社转型升级，更好地实现传统出版与新兴出版融合发展。该联盟目前共有63家成员单位，其中包括商务印书馆等56家国内知名出版社。该联盟选举出100名理事，黄书元当选为理事长。

趁早准备　别做出版界的寒号鸟

虽然人民社在数字出版方面进行了众多有益的尝试，但黄书元坦言，目前的盈利同传统出版相比，还有很大距离。即便如此，他仍认为，出版社还是应该积极开展数字出版探索，而不是坐以待毙。"目前教材教辅支撑了出版业营收的大部分，所以大家的日子过得还算不错。相比之下，报纸期刊受到的冲击更大，所以很快地痛定思变，但谁能保证下一步不会冲击到出版业呢？"

有人说，等到真正适应数字出版的下一代长大，数字出版的春天才会真正到来。黄书元却不这么看，"到那个时候，真正的掌控权就不在出版社手里了。六年前，淘宝售卖的产品良莠不齐，许多人都在看笑话。但是现在人家做大了，这块市场一般人都无法进入，已经丧失了与其竞争的资格。机遇一晃而过，出版社不能做寒号鸟，日子还不错时不想着改变，等到寒冬来临时，一切就都晚了。"

（作者为《出版商务周报》实习记者）

大数据时代的儿童阅读：我们如何想　我们如何做

张秋林

　　"大数据时代"，这两年在中国是一个热词。不同领域、不同行业的人都在讨论如何与大数据时代同行。如果我们认可"阅读是儿童学习的基础与核心"这一观点的话，当儿童的阅读内容、阅读方式、阅读行为可以最大限度地记录并呈现给我们时，一切将发生改变。通过阅读观察到儿童的学习过程，对于所积累的数据进行挖掘分析，可以更好地解释阅读对儿童未来成就所造成的影响，进而对童书出版和儿童教育带来变革。

纸质童书与数字童书将迎来"黄金年代"

　　我们对大数据时代的儿童阅读有如下思考：

　　一是纸质童书与数字童书将长期共存，两者都将保持增长。随着中国三、四线城市新一代家长的幼儿教育观念与一、二线城市快速接轨，纸质童书对幼儿眼睛的保护、独特的阅读体验等优势，决定了纸质童书将在一定时期内不会被取代，反而将赢来爆发性的增长。同时，数字童书由于为儿童带来不一样的多媒体阅读体验，也已经为越来越多的家庭所接受。未来十年将是中国纸质童书与数字童书出版的"黄金年代"。

二是出版社将直接和读者建立起"有意义的连接"。过去30年，我们专注于为儿童提供优质图书。可是，我们无法直接与读者交流互动，走进读者的心灵。移动互联时代，我们与读者建立连接成为可能。我们可以通过移动互联网，帮助父母了解孩子的特点，为孩子挑选合适的图书，动态地跟踪孩子的阅读行为，为父母提供更专业的阅读指导。在此过程中，我们可以建立并持续完善儿童阅读行为大数据中心，可以向读者提供更好的服务、为未来出版指明方向。

三是开放的儿童阅读大数据平台将具有旺盛的生命力。我们未来建立的儿童阅读行为大数据中心，将不仅仅是为孩子推荐合适的好书，不仅仅是为我们出版社服务，还应当能帮助其他出版社、作者、书店、绘本馆、阅读推广人、幼儿园、中小学等各类机构与个人，更好地与读者连接在一起，促进他们相互了解。

有了儿童阅读大数据平台，一方面我们可以告诉孩子妈妈，周边有哪些好的绘本馆，有哪些好的书店，帮助妈妈们找到优质的服务资源；另一方面，当绘本馆与书店举办各类活动时，可以第一时间将信息传递给到附近适合的孩子妈妈，从而帮助线下服务机构找到他们的目标对象。儿童阅读大数据平台将成为读者与第三方服务机构之间的连接器。

儿童阅读大数据是"未来的新石油"

2007年，二十一世纪出版社发起成立了21世纪中国儿童阅读推广人论坛，连续7年在全国各地举办不同主题的论坛，在儿童阅读推广方面积累了丰富经验和资源。2014年，我们对"中国儿童阅读推广云平台项目"进行了正式立项，并得到了国家新闻出版广电总局和财政部的大力支持。我们把这个平台视为二十一世纪出版社集团实现"互联网＋"战略转型过程的重要步骤，希望为未来的发展注入更多互联网基因。

中国儿童阅读推广云平台项目的建设分为三大重点：一是移动APP的开发与运营，在出版社与读者之间建立沟通的桥梁。我们希望借助移动APP，直接找到读者，了解读者的需求，让我们更好地为读者提供产品；发挥纸质图书的传统优势，通过在书中放置二维码，为读者提供增值服务，将大量读者引流到APP上。二是儿童阅读服务体系的建设，了解、吸引、留住读者，实现由童书销售到阅读服务的转型。儿童掌握阅读技能，不只是需要好书，还需要教育上的引导。什么年龄阅读什么难度的书，什么书具有什么样的难度系数，一直是父母和家长的困惑。我们将建立一个类似美国Lexile的分级阅读平台。通过了解儿童的基本特征（年龄、角色、性别、地区、性格）、评估儿童的阅读能力、动态跟踪儿童的成长过程，为儿童提供个性化的书单；指导阅读的方法；根据阅读情况提供反馈意见；

观察儿童的阅读问题，并提供有针对性的弥补建议及内容服务。三是儿童阅读大数据的积累与分析。通过持续的数据积累，通过对大量儿童的阅读行为进行统计分析，我们可以了解儿童整体的阅读行为特征与发展趋势，在未来建立起儿童阅读大数据中心，为儿童阅读模型的构建与完善提供坚实的数据基础。

大数据给予我们更全面、更精细的视角，来看待世界的复杂性和我们身处其中的位置。美国总统奥巴马曾把大数据称为"未来的新石油"，我认为这是一个很恰当的比喻，希望少儿出版人共同使用这些"新石油"，为未来的童书出版和阅读推广提供新的动力。

（作者为二十一世纪出版社社长）

中作华文：找到自己的生存空间

刘　方

作家出版社2008年底就涉足数字出版，开始由总编室负责，尝试过程中取得了一定突破，看好数字出版的未来。中作华文数字传媒股份有限公司（以下简称中作华文）2011年成立，这是国内第一家由出版社成立的数字出版股份公司，作家出版社是大股东。最初的构思是将中国作协所属单位：1家出版社、2份报纸、8本杂志的内容数字化，整合运营。这是中作华文发展的初级阶段，即简单的版权代理。而现在中作华文已经成为国内数字出版领域文学内容最大的供应商之一。

利用自身优势，形成良性循环

中作华文的优势在于隶属于中国作协，可以向作协会员征集作品，作协的国家级会员有1万名左右，地方会员和分会会员有20万~30万，每位会员入会时有两部作品，存量作品有50万~60万种。这就比一般出版社更有优势。（大部分出版社每年不过出版1 000部左右作品，就算其中600~700部可以转化为数字作品，签约3年期内，只能拥有大约2 000部作品的数字版权）由此中作华文形成了良性循环，具备资源优势，如今已经成为中小型文学类出版社和民营出版公司的代理中心，拥有版权作品2万部，完成数字化加工的作品有1万多部。2009年前后国内数字版权概念尚未普及，图书出版合同中往往并不包括信息网络传播权。中作华文从那时起就开始直接从作家手中签数字版权，利用机遇，完成了产品规模的积累。

在单体出版社的数字出版部门中，中作华文的人员、资产、运营规模目前都是比较领先的，已经与主要的数字出版平台、渠道（如三大运营商、主要电商）都结成了战略合作伙伴（不是简单的CP协议，而是战略合作）。目前中作华文拥有员工50人，2012年实现第一轮融资，2013年用资本运作，收购了一家数字技术公司，建立了技术服务团队，做技术服务支撑，从事数字出版软件开发，不久前作为大众出版单位仅有的代表以自有技术力量参加了国家复合出版工程的招投标。中作华文一年的纯市场收入就达到1 000万元以上，相比作家出版社几亿元码洋的图书收入，仅占5%。但是目前新媒体收入占比其实并不重要，因为整体市场目前还都在培育阶段，数字出版的强大实力终究会在适当的时机爆发，实现成倍增长，关键是找到适合自己发展的道路。

作家出版社非常看重故事性资源尤其是原创内容，这是影视、戏剧、动漫、音乐、游戏的内核，未来将会从传统出版社转化为以版权为核心的内容出版机构。作家出版社认识到传统文学内容传播很有限，互联网用户尤其是无线互联网用户不一定喜爱传统文学。因此，中作华文着手建立自己的内容研发机构，进入自主内容研发的前端，开发适合新媒体传播的文学内容，与优秀作者深度合作，提供市场信息，配合作者创造新媒体需要的内容。以前中作华文的前端是版权签约团队，如今的前端是版权研发团队。目前中作华文是中国移动手机阅读基地内容供应商中仅有的几家A类企业之一。

作家出版社目前正在转型，成为以版权为核心的内容聚合生产机构。从整体发展来看，未来的业务分为三块：第一是传统出版做强做大，第二是数字出版有所创新，第三是旗下的影视公司百城映像和新成立的动漫公司实现进一步发展。作家出版社目前在选题策划阶段，就会预测该书适合纸书、听书、影视、动漫中的哪类途径传播。中作华文的发展是在作家出版社发展的大框架下展开的。中作华文找到了适合自己的发展道路和生存空间。

数字出版环境需要培育

2009年5月23日，中国移动手机阅读基地平台上线后，数字出版市场开始形成，作家出版社短期内就实现了数字出版的营收，2010年已经有几百万元收入，每年与作家分账的部分都超过100万元。中作华文是中国作协党组审批建立的公司，财政部报批，以维护中国作家的权益为己任，版权支付规范。作协有一项工作是保护作家权益，因此作家权益保障委员会一直与中作华文密切合作，版权签约、合同执行、收益分配都在其监督下执行。

互联网阅读的特色是碎片化阅读，而非大体量阅读。中作华文针对这个特点，在数字出版推出的品牌产品是"轻历史"，这是中作华文整合了作协旗下的《作家文摘》等资源，在亚马逊开创的数字人文历史专题，每个专题有5万~8万字内容，可以根据相关人物、事件等多个维度整合，每年推出几十种，未来可能会形成系列化纸质图书。

中作华文目前的产品最重要的还是文学类尤其是小说类，历史、经管等其他内容占比较低。初期快速积累、聚合的内容，如果经过加工直接卖出去当然最简单，获利最丰盛，但这种低端的经营无法形成长期有效的盈利模式，因此要自己培育适合数字出版消费需求的内容、平台和运营队伍。中作华文拥有的几十人规模的专业数字内容营销团队是绝大多数出版社没有的，所有员工都不是来自作家出版社，而是社会招聘，主要来自电商、快消品、运营商、领先民营文化公司等。这是一个强势的专业团队，能将传统出版社研发汇聚的内容产品推到数字出版的高峰。

目前遇到的主要瓶颈在于，中国的数字出版环境还需要长期培育，立法严重滞后，难以支撑数字出版健康快速发展。渠道建设上，主管机关无力控制数字出版的走向，完全靠市场自然发展。主管机关应该加强内容供应方式、定价主导性的规则制定，正向内容的传播推广扶持。数字出版缺乏足够的平台出口，不能为传统作者的优秀文学作品带来收益。数字出版的读者至今多是三保、三低人群。中作华文汇集了大量名家名作的数字内容，但其中一些名家收入非常低，有些作家多部作品加在一起一年仅有一二十元收入，以至于这些名家认为数字出版平台瞒报销量。主管机关如果能够主导建立良好的运作规则，保护作者和出版机构的利益，减少渠道和部分技术公司的盘剥；如果能在平台建设上牵头引导整合资源，让出版单位在转型升级过程中整理创造优质数字内容在更多正向传播平台上实现有效收益，有效传播优秀作品，就能真正实现全行业的产业升级。

（作者为作家出版社副总编辑、

中作华文数字传媒股份有限公司总经理，采访：原业伟）

黄山书社："玩转众筹"探索出版转型新模式

马磊

当下"众筹"一词可谓大热，各类众筹网站如雨后春笋，项目五花八门，从建私家菜园到公益活动，一时间成为各类人群创业融资的新宠。众筹出版也不例外，一批名人的众筹图书顺利出版，大多超过预期，名人出书，粉丝掏钱预购书，根据付钱多少获得不同礼物，各方皆大欢喜，不由得让出版业的同仁们眼前一亮，不少出版社和文化公司下水，试图分得一杯美羹。然而，业界也有不少冷静的观察和声音。韬奋基金会理事长聂震宁在接受有关媒体采访时认为："今后众筹出版这种方式将会比较多地得到采用。但是，这只能是一种项目式的运作模式，不太可能成为出版社的经营常态。"众说纷纭下，众筹出版究竟会走向何处？

所谓众筹，是指用团购＋预购的形式，向网友募集项目资金，从而顺利实施项目运作的商业模式，实质往往是通过预订的模式解决资金不足和市场不确定的问题。那么众筹的概念能否引申生发、带给出版业新的生机呢？时代出版旗下的黄山书社在这方面进行了独特的探索和尝试。

面向员工众筹——把投入与效益挂钩

传统出版社，社里投入全部成本，除了编辑、营销人员外，其他员工常按工作量考核，书是不是精品，销量究竟能达到多高，似乎跟他们无关，大家的积极性不高。如何创新机制，激发全体员工的主动性，锤炼出一支能出好书、卖好书、书好卖的出版团队呢？一向以出版专业图书见长，沿袭传统出版模式的黄山书社迈出了开创性的一步，拿出一批优质出版选题，面向全体员工众筹，通过选题竞标、个人投资项目，操盘出版项目，利润分成的新模式，力图激发广大人员参与图书策划、宣传营销的主动性和热情，锻炼更了解市场、具备市场开拓能力的出版团队，进一步增强了图书市场竞争力。

作为一家古籍出版社，黄山书社近年来坚持"守正出新"的发展理念，大投入抓大项目，先后打造了"中国红"丛书、《中法建交始末》《中国梦》等一批"国字号"出版工程，综合实力跃升至全国同类出版社第二位，在出版模式和经营模式创新上屡屡出新招。为了破解大家对走市场的一般图书创作生产的积极性不高的难题，结合引进法国阿歇特集团的一批优质图书选题，社里决定试水"内部众筹，项目股权激励"，即：一个一般图书项目允许员工个人投资25%，由投资员工担任项目负责人并牵头组织项目团队，完成市场调研、成本核算、宣传营销、发行推广等工作。如果项目亏损，员工及其团队承担25%的亏损额；如果项目盈利，员工及其团队则能分享50%的利润额。优厚的政策引发员工的热烈追捧，首批6个选题通过竞标顺利被各项目团队领走，投资团队、出版社共同投资、共担风险，项目团队将获得项目运营的充分自主权。目前，《天使的呼唤》等众筹图书出版并上市销售，项目团队在图书设计、宣传营销上精心策划、积极推动，主动与当当、京东、卓越三大图书电商和中信书店等实体书店洽谈营销合作，取得非常明显的成效，该书成功入选当当网新书畅销榜第六位。

面向作者众筹——让内容与需求融合

网络时代的到来，让广大人民群众的文化创造力得以充分释放，各类原创文学网站、SNS社区平台每天能生产出数十万计的内容资源，其中不乏精品力作。出版社如果单纯依靠传统的内容聚合渠道，难免在现实的环境里错过很多优质的内容资源；同时，许多作者和作家也有迫切的出版需求，限于内容有限、资金不足的问题，难以实现出版梦。

为了开发这一广阔渠道，发掘社会上潜藏的优质出版内容，优化图书质量，同时让作者的出版需要得到满足，黄山书社在时代出版打造的"时光流影"SNS社区平台专门开辟了一个专门面向作者的内容众筹业务，列出多个出版主题，比如旅游游记、读书杂记等。作者按类投稿，即可几个人汇集出一本书，也可以几十个人每人一篇文章结集出版，每人按照自己需要的图书量，支付一定的印刷经费，就可以拿到散发墨香的属于自己的书，满足作者出版需求的同时，也能让这些不错的图书走向大众，发挥文化传播和交流的价值。当然这些内容必须经过出版社编辑的甄选，符合标准的才能入选。

面向读者众筹——让产品与市场衔接

黄山书社天猫旗舰店里即将上线一款新的出版业务，羊年挂历、台历众筹定制服务，只要读者提供12张自己最满意的照片，支付一定的费用，出版社会在1个月之内制作独一份的个性化挂历或台历，送到读者的面前，有十余种风格供顾客选择，古典的、浪漫的、清新的、童话的……还可以针对不同星座选择不同款式，可以送家人、朋友，也可以自己欣赏。在文创产品面向客户众筹开发上，我社不是第一次了。之前在策划吴冠中艺术笔记系列时，我社针对电影《有种》首映式，众筹了该笔记本的首映式专属版本，效果很好。独特性、个性化、专属化、贴心服务、文化含量，黄山书社这样定位面向顾客众筹的文化创意产品，这符合文化服务的深层次规律。

周虽旧邦，其命维新。试水各类众筹，试图将这一新兴的商业模式深度引入传统出版，激活和释放其该有的生命力，是黄山书社在近年来稳健发展的良好状态中居安思危、积极谋求转型发展进行的一次机制创新，努力为未来发展铺设宽广平坦的跑道。

（作者为黄山书社社长助理）

鹭江社的数字化转型：精准定位　借力共赢

吕梦琦

鹭江出版社（以下简称鹭江社）作为国内中小型出版社，于2011年开始探索数字化转型。与大型出版社在转型探索过程中大量投入人力、物力不同，鹭江出版社没有大手笔的资金投入，但以其出色的业务能力在数字化转型过程中取得了一定成果，成为中小型出版社数字化转型的典型案例。

据了解，鹭江社在开展数字化业务以来，以较快的速度完成了资源和团队的初期建设，数字出版业务收入每年保持30%左右的增长速度。随着鹭江社数字出版业务的不断发展，该业务在整个出版社收入中的占比也在逐年提高。

数字化转型不建平台重合作

鹭江出版社的数字化尝试并不算早，却在短短几年内取得了良好效果，其数字出版收入从第一个月的100多元增长到现在月均30万元。究其原因，是因为鹭江社在数字化转型过程中充分认识到了自身的局限性，并且扬长避短地采取了一条务实的发展策略，解决了传统出版社转型中面临的第一个问题——市场定位。

鹭江出版社副社长江金辉表示，目前出版社在数字化转型过程中存在着平台错觉和资源错觉，认为数字化转型就是建平台、建数据库，却没有在转型过程中弄清楚自己的定位，从而造成了一些出版社在人力、物力上的浪费，最终也没有取得预期的市场效果。

建立个性化的数字平台，需要有技术研发、内容资源、营销队伍等方面的支撑，其投入并不是小数，中小出版社在这方面力有不逮。相比之下，目前手机阅读的平台建设、销售渠道、市场规模等相对比较成熟，而且对出版社而言，投入也可控，是中小出版社探索数字出版业务较为合适的切入口。江金辉认为，手机阅读是实实在在的市场行为，通过投入较小的手机阅读业务可以达到整合资源、培养队伍的目的。

基于这些认识，鹭江社在开拓数字出版业务之初，就将自己定位为中小CP，并将手机阅读作为突破口和核心业务。通过三年的努力，在手机阅读市场渐有收获，与三大运营商及众多第三方平台建立了良好的关系。在业务进程中更注意有限资源的聚焦，着重发力于中移动阅读基地。因良好的市场表现，成为中移动阅读基地十大出版战略合作CP之一。

逐步健全内容产业链

仅凭手机阅读一项，是无法完成出版转型任务的，对此鹭江社有着清醒的认识。今年，借手机阅读已有规模收入之机，鹭江社成立了"汇智飞鹭"公司，专业从事无线阅读业务，引入拥有目前国内最大机场高铁连锁书店资源的"汇智光华"公司作为战略合作伙伴，迈出了整合线上线下资源、渠道的重要一步。与此同时，将经营实体图书出版的"时代飞鹭"公司业务与"汇智飞鹭"的无线阅读业务全流程融合，互为依托，共同发展。除借力各大平台之外，鹭江社加大力度建设自主的阅读客户端、频道和读书社群，积极探索与其他出版机构的资源置换。由此初步形成传统出版业务转型的格局。

数年的无线阅读运营也为鹭江社积累了一定的互联网运营经验，并建立了一支能力较强的运营队伍。在此基础上，今年下半年，由鹭江社牵头成立了"创智联盟"数字教育公司，进行数字教育产品营销、开发的新探索，进一步丰富了数字出版的产业内容。

回顾这几年的工作经历，江金辉副社长认为，与强势渠道、资源平台的合作，借力成熟的市场元素，是中小出版社快速推进数字出版业务的便捷之路。当初，鹭江社接入三大阅读基地的时候，能提供的合格版权仅有数种，队伍几近于无，很难想象如果不与市场的强势资源进行全面坦诚的合作，能走到今天？传统出版向数字出版转型是件大事，但必须从一件一件的小事做起，借一次又一次的合作推进。

（作者为《出版商务周报》实习记者）

五洲社：数字化时代，造船出海"走出去"新模式

张君成

互联网和移动互联网技术的发展和普及，逐渐改变了人们获取信息的方式。越来越多的读者，尤其是代表着未来消费主体的年轻读者群，已经逐渐习惯于使用各种手执终端阅读图书。这不仅为传统出版与新兴出版的融合发展提供了全新的视角和全球性的平台，也为中国文化"走出去"提供了新的路径。五洲传播出版社（以下简称五洲社）在"走出去"的实践中注重传统媒体与新媒体的融合，积极尝试以数字化技术和传播途径突破"走出去"的现有模式和渠道，主动利用互联网技术搭建中国图书"走出去"的平台，取得了长足的发展。

"借船出海"不如"造船出海"

相比于纸质出版物，数字化内容的内涵更为丰富，展现形式也更加多样。五洲社图书出版中心副主任邱红艳表示："传统图书'走出去'周期长，还有着海外市场过于分散、资源时效性和更新频率低以及发行量偏小等劣势。"五洲社在很早之前便看到数字出

版的潜力，并及时布局。"亚马逊的Kindle和苹果APP Store业务刚刚进入中国的时候，我们就与其合作，推广我们的书籍，取得了很不错的效果。"

　　通过几年发展经验的积累，五洲社开始利用数字化的出版方式尝试"走出去"。当前五洲社数字化"走出去"战略主要分为两部分：一是"借船出海"，具体而言就是与一些知名的平台合作，如亚马逊等，利用国际知名B2C和B2B平台成熟的客户体系、支付体系、物流体系切入当地数字阅读市场。"'借船出海'的好处显而易见，当地的消费者对其更熟悉，接受度高，而且传播成本较低。但是缺点也很明显：无法掌握主动权，收入模式也较为单一。"二是"造船出海"，建立自有的数字出版平台。这也是五洲社目前的主攻重点。2014年底，在国务院新闻办公室和国家新闻出版广电总局的大力支持下，五洲社获得财政部中央文化企业国有资产监督管理领导小组办公室的资金支持，建成了自有的that's books多文版中国数字内容运营平台。据邱红艳介绍，目前that's books电子商务网站有英文版、西文版和阿文版，同时开发上线了Andriod和iOS系统上述三个文版客户端（手机与平板）。上线销售图书3 000余种，内容涉及英文、西文、阿文、法文、德文、俄文等近20种语言文字，是国内最大、文种最多的外文版中国数字内容运营平台。2015年底，that's books法文版将上线。"这是五洲社利用数字化助推'走出去'模式和渠道突破的积极尝试，以提高'走出去'的效率。"

在五洲社副社长荆孝敏看来，that's books平台的优势不仅于此，还实现了内容、渠道、信息、出版四个方面的融合："这个平台的优点主要体现在以下几个方面：免费转码，推动数字化进程；拓展销售渠道，实现经济收益；获取海外市场反馈，提供选题参考；共享国际合作资源，推动版权输出与合作出版；提供专业的营销指导，提升海外影响力；提供国际和国内文化产业政策信息。"

荆孝敏认为，数字化平台的成功建设只是五洲社数字化"走出去"战略的第一步，后续发展的关键还要看内容。"我们的书籍无论从先前的策划选题还是后续的装帧设计，都以'走出去'为原则，过硬的内容才是成功'走出去'的不二法门。"

"农村包围城市"从that's books on that's books的转身

that's books创建之后，如何有效推广，将"走出去"的影响力发挥到最大，五洲社也有着自己的考虑。"一般使用英文的区域，文化发展都较为强势。这如同壁垒一般，如果强行切入，效果不会理想。"为此，五洲社另辟蹊径，将that's books主攻区域转向对中国文化更容易接受的阿语地区和西语地区，先从这两个区域获得一定影响力，再将范围扩及到全球。"简单地说，就是'农村包围城市'的战略。"邱红艳比喻道。

被问及为什么选择阿语地区和西语地区作为that's books平台的突破口时，邱红艳以阿语地区为例解释道："首先，阿语地区对中国信息的需求量大。近年来，阿拉伯地区政治动荡，给社会经济发展带来了严重影响，因此，他们希望了解中国的发展道路、发展模式，带动自己的发展。其次，阿拉伯国家在数字出版方面由于缺乏资金导致技术落后，且又缺乏合作，没有一个类似亚马逊那样大的专注于数字出版的平台，数字内容资源分散。最后，欧美数字阅读平台对阿拉伯地区渗透不深。由于阿拉伯地区的4G发展和智能手机的保有量落后于欧美等发达地区，影响了欧美流行的移动阅读终端的普及。技术和市场的空缺给我们带来了发展契机。而且，五洲社从2011年就开始布局阿语地区的'走出去'工作。此前，我们做了大量的前期准备工作，不仅出版了100多种阿拉伯文图书，还向这些地区累计输出了120余项图书版权。"

that's books阿语平台一上线试运行，就受到阿语地区读者和同行的关注，影响之大超出了五洲社的预期。2014年底，五洲社先与Vodafone埃及公司签订了数字阅读内容提供的战略协议；2015年初，开罗国际书展和摩洛哥卡萨布兰卡国际书展期间，有近30家阿拉伯地区出版机构签署加盟that's books阿语平台协议，授权3 000余种图书，平台还与阿拉伯出版商协会和埃及出版商协会签署了数字出版战略合作协议。中东地区最有影响力的《金字塔报》等4家报纸专门进行了采访，他们认为"这是阿中文化交流最有创意、最真实的平台，是一个互利共赢的融合式发展的平台"。与阿语平台同步上线的that's books西语平台，初涉拉美市场也获得了积极反响，当地许多内容出版商与运营商纷纷向that's books西语平台伸出了橄榄枝。

that's books一开始名称为that's books on China，因为五洲社最初只是想将这个平台打造成一个面向海外用户的集中展示中国出版社外文图书的电子商务平台。可是随着平台的试运行，在海外市场需求的引导和推动下，五洲社发现，要真正建立一个具有影响力的"走出去"平台，必须要突破中国题材，引入当地内容，做本土化的创新升级。"所以我们这个平台要有所突破，要完成国际化的转身，故我们将that's books on China改名为that's books，that's books后面可以链接任何国家和地区。如我们的阿语平台已经逐步演变成that's books on Arabic，朝着成为面向全球阿语受众的跨境数字阅读与文化信息服务平台的目标发展。我们未来的目标就是要实现由一个平台向多个平台的转换。"

建立跨境电商和跨文化交流与信息服务 that's平台是目标

当被问到that's books平台的建设遇到哪些困境时，邱红艳坦言，最大困境就是缺少相关的人才。"这类人才不仅要过语言关，而且还要了解出版的全流程以及互联网的发展。"目前邱红艳也在积极培养和招募具备这些能力的人员，为日后发展做储备。

当前that's books属于初期建设阶段，尚未盈利。邱红艳表示，不过已经有不少合作方主动寻求合作。"如在西语地区，华为和当地运营商就主动找到我们寻求合作。与华为的合作，一方面是将that's books以手机内置APP的形式植入华为手机。另一方面，借助华为In touch联盟，进入海外电信运营商市场。在拉美，墨西哥和智利的电信运营商对that's books西语客户端表示出极大的兴趣。目前正在进行第二轮的压力测试，一旦通过测试，that's books西语客户端就可以进入其电信运营市场。"

对于that's books的未来发展规划，荆孝敏表示，that's books现阶段已经突破"China"，今后还将突破"books"，引入更多的跨文化创意产品和信息服务的内容，that's books 升级为that's。希望未来依托五洲社对外传播的丰富经验和资源，共享发行销售渠道、共享国际合作资源、共享选题策划创意、共享新技术带来的突破传统纸版图书"走出去"渠道障碍的契机，形成中国文化"走出去"合力，把that's平台建成跨境电商和跨文化交流与信息服务平台。

（作者为《出版商务周报》记者）

2. 数字教育在路上

艾瑞咨询数据显示，2015年在线教育市场规模达到1 192亿元，同比增长速度为19.4%。随着在线教育用户增长，在线教育市场还将扩大，预计到2018年将达到2 046亿元。这个蛋糕比起每年数百亿元的教材教辅图书市场大得多，增长幅度也大得多，所以出版人尤其是教材教辅的出版人急于投向在线教育，寻求转型。

但是在线教育这个市场并非专属出版人的，这个市场包括了教育从业者、软件开发公司、各类学校等多方力量，他们或有教育从业经验，或有技术优势，或有庞大的用户群（学生）。出版人在其中的主要优势是多年积累的内容。很多进入在线教育的出版人发现，在线教育的游戏规则与传统出版不一致，即使做成了巨大的规模，积累了庞大的用户量，也很难盈利。因为学生并未形成在线付费学习的习惯。这是困扰在线教育试水者的难题。

但我不愿意用"蛋糕"这个词形容在线教育市场，因为这个市场非常广阔，成长很快，而且面临巨大的未开发领域，有待出版方、技术公司、教师、学校携手开发。而且我国的市场与发达国家并不相同，二三线城市、职业教育等领域潜力巨大，而这些领域鲜有可资借鉴的先例。

我们这里选编的文章基本勾勒了当前进军在线教育的几类出版机构：大学出版社、教育出版社、专业出版社、教材教辅图书公司。尤其是高教社的案例，我们从记者和出版社两个角度各自选了一篇。这些教育出版机构，有的背靠学校资源，便于开发教学产品；有的具有职业资格考试教材资源，便于转型为在线教材；还有的图书公司在市场化方面挖掘很深，将公司的组织结构改为以产品为中心，使公司的运作方式更接近网络公司。

清华大学社：数字教育的"美丽"探索

郑　奇

2012年，国际教育界掀起了一场"狂风"；2013年，中国教育界也卷起了阵阵"巨浪"：MOOC来了，这给全球在线教育带来的影响不可小觑。在这样的背景下，当年9月，清华大学出版社（以下简称清华大学社）自主研发的"智学苑"智能教材学习平台正式投入使用，成为清华大学社数字化战略中的重要一环，也是未来清华大学社教育出版发展的方向。

成果=理念＋专业

为了搭上数字教育的快车，实现数字转型，2011年智学苑项目就已经启动。优质的教材内容资源是我们涉足数字教育的基础，最重要的一点，我们与用户有天然的联系，可以第一时间了解他们的需求，并及时提供贴近他们需求的教学服务。

出版社拥有的最核心资源之一就是教材，教材是实现系统化教学和学习的要素，因此出版社做数字教育，就是要把自己的数字教材和数字化教育结合起来做。我们没有采用MOOC的方式，而是借鉴了SPOC 的模式（small private online course，即小规模定制化在线课程）建设自己的平台，这一模式可以很好地把已有的教材和课件与数字教育进行结合。

理念和模式有了，还需要实现的过程，这是很现实也是很棘手的问题。虽然背靠清华大学的强大力量，但我们和大多数出版社一样，也面临着技术挑战。我们需要既有强大的技术能力，又懂教育，同时还对出版工作有较深了解的人。这样的人是不多见的，所以我们选择与成熟可靠的技术公司合作。而我们，则专心地去做与出版和教学相关的事情，比如教材的知识点勾画、平台的设计等。大家都做自己擅长的事，扬长避短，形成合力。这种合作方式带来的便捷，使得智学苑成功地解决了技术壁垒，并且发展迅速。截至目前，平台上已经有35门课程，明年将进一步扩大到100门课程；已有清华大学、中国人民大学、中国地质大学等国内数十所高校采用这一平台进行教学，明年使用这一平台的高校还会进一步增加。

适用=功能 + 体验

平台的广泛使用离不开强大的功能基础。智学苑平台虽置身出版社，但将着眼点放到了教学上，提供的功能也与教师的教学和学生的学习息息相关。

平台将包括教材在内的学习资源进行基于知识点的碎片化，

学生可以在统一学习体系中自主安排时间，进行跨终端的阅读、练习、答疑、讨论、搜索，在不同学习资源之间进行围绕知识学习的自由转换；平台还运用了认知科学和学习理论对学生在学习过程中产生的数据进行挖掘，运用智能技术向学生推送适合自身的学习内容，教师也可通过系统数据全面了解学生的学习动态，并随时掌握学生对各个知识点的学习情况；平台也提供了针对教师的定制教材服务以及针对学生的个性化定制学习内容服务，为师生提供了多种便捷的教学工具，实现了批阅智能化，减轻了教师负担。强大的教学支持功能与出版社的纸书也有很好的搭配和互动。通过纸书与平台的联动，教师和学生得到了出版社更加直接的服务，纸书销量也得到了较大提升。最初与平台合作的6本教材，销售码洋提升超过100%。

未来=视野＋尝试

可以说，智学苑平台不但是纸书的线上服务平台，还是清华大学社向教育服务提供商转型的成果之一。在内容方面，清华大学社除了利用既有优质教材资源外，还向数字教育内容领域的"纵深"进行了突破。

"美丽化学"是清华大学社与中国科学技术大学先进技术研究院梁琰博士联合制作的一系列科学可视化网络科普项目。之所以选择在该领域进行尝试，是因为它在国内的发展还比较缓慢，而从国外经验来看，这将是未来数字教育发展的方向之一。

这个项目具有一定的公益性，我们希望借此将化学中的美丽和神奇传递给大众。虽然是公益性的，但对出版社也并非一无所获，通过这个过程，我们提高了资源调配、数字内容制作以及运营维护的能力。比如，在制作"化学结构"内容时，用4K高清摄影机，捕捉肉眼无法观测的细节，并使用现代数字技术，将这些成果转换成优美的图像和动画。这些技术和设备显然不是出版社所惯常具备的，出版社不但要联合作者，更要与相关技术公司沟通来进行技术实现。

基于专业优质的内容和强大的技术后盾，"美丽化学"一上线即赚足了眼球和口碑。

目前，"美丽化学"已经成功入围国际科学可视化竞赛最高奖项"Vizzies"，但这绝非全部，参与和尝试本身才是最重要的。

（作者为清华大学出版社数字教学服务平台总监）

数字之道：解读山东教育社的转型布局

刘鹿涛

界面清雅功能齐全的小荷童书馆APP、以AR技术打造的呈现多媒体内容的图书、广播级的演播室和录音棚录制的音视频节目，这些无处不彰显创意性和专业性的数字出版产品，正是山东教育出版社进军数字出版吹响的集结号。山东教育出版社自2011年，围绕为教育教学服务这条主线，充分利用数字与互联网传播技术，加快推进传统出版向现代教育出版的转型，借助于高新技术，建立现代出版体系，搭建多媒体融合的出版平台，提高产品的技术含量，提升产品的附加值，满足读者对不同阅读平台的需求。

科学布局多媒体出版体系

在当下的出版业态环境中，大多数出版社出于种种原因在数字出版领域徘徊观望，像山东教育出版社如此下大力气的做法鲜为一见。在谈及缘由时，山东教育出版社社长刘东杰一针见血地指出，在专业的教育出版领域，数字化转型是大势所趋。数字出版是互联网向传统出版业渗透融合出现的新业态，近几年来发展势头十分迅猛，而这一趋势是不可逆的，所以进行数字化转型，推出符合当下读者阅读习惯的数字出版新产品是出版社的当务之急。与此同时，教育市场本身规模巨大，有着十分丰富的细分方向和可观的盈利空间。而山东教育出版社在这一领域有着优质作者资源和内容资源的积累优势，理应尽早投入到数字出版转型，迎接新形势的挑战。

在数字出版的整体布局上，山东教育出版社有着清晰的规划目标和合理的整体布局。"我们的规划目标是围绕为教育教学服务这条主线，充分利用数字与互联网传播技术，加快推进传统出版向现代教育出版的转型；借助产品的技术含量，提升产品的附加值，满足读者不同的阅读需求。"刘东杰谈到。在规划目标的指导下，山东教育出版社进行了数字出版产业链的整体布局，以建立数字化阅读与纸质阅读融合链接的出版体系为核心，分别开展了纸质图书的数字化、数字教材教辅的开发、数字化网络出版平台建设、移动教育学习平台建设等工作。

如此大规模的平台建设和产品建设，自然离不开专业人员的支持。山东教育出版社为此组建了专业的编辑团队、技术支持团队以及音视频节目制作团队。编辑团队主要负责数字内容的组织和编辑加工；技术支持团队则负责网站的日常运营维护、功能开发以及各类数字产品的功能设计；音视频节目制作团队更是配备了专业主持人、摄像以及后期制作人员，负责所有音视频节目的拍摄及后期制作。与此同时，山东教育出版社进行了基础性建设的准备，为优质数字出版内容资源的整合提供了基础支撑。

在山东教育社看来，配备广播级的录音棚和演播室是数字化转型的必需投入。"将来的数字出版不仅仅是给读者提供文字上的素材，而且是围绕内容为读者提供全媒体的优质资源，录音棚和演播室的建设就是为全媒质资源的开发提供硬件保障的。这样大大降低了制作全媒体资源时的成本，还能够让我社方便高效地录制音频和视频素材。"刘东杰如此说。

层层推进数字化产品开发

在数字化转型过程中，山东教育出版社从一开始就有着较强的互联网技术敏感性，制作了一大批的数字化图书。其中通过引进使用AR技术，制作能呈现多媒体内容的AR图书获得了相对理想的互动效果。数字出版与传统出版最大的不同之处就是与读者的互动体验。国内的出版社在数字化转型中纷纷意识到这一点，开始了将纸质图书与数字产品进行融合链接的尝试。山东教育出版社也开始利用微博、微信、二维码等新媒体进行与读者的互动沟通和相关图书的内容拓展。

利用信息图像识别技术，将纸质图书与数字产品进行融合链接则是山东教育出版社的先行尝试。"通过编辑将与纸质图书内容相关的音频、视频、图片等数字化素材制作好，放在我社网站服务器上。读者下载AR应用程序后，使用手机或平板电脑等移动终端扫描纸质图书内的相关图片，就会在终端上看到纸质图书无法容纳的形式多样的多媒体内容。"刘东杰如是说。这种融合增加了纸质图书的吸引力，促进了纸质图书的销售。第一本制作完成的《美国学堂记》很受读者欢迎。另外，山东教育出版社已经制作完成150多种iPad版图书并上线销售。截至2014年9月底，图书的下载量达到9 000多本。针对有特点的同类书，山东教育出版社还制作了独立的应用程序，比如："老年大学教程""小荷童书馆"的应用程序已经在苹果商店上线。

在取得了一定的成绩之后，山东教育出版社进一步拓展与读者互动的理念，开始了开发数字教材和数字教辅的尝试。iPad版化学数字教材在纸质教材内容的基础上，配上大量音频、视频、动画等与教材配套的资源，适合教师课堂教学展示和学生课后自学，可以作为纸质教材的延伸和补充。该教材样章在2012年8月底的山东省第四届文博会上展示的时候获得了与会署领导及省市领导的一致好评。另外，苹果公司也对他们开发的这本教材给予了很高的评价，认为它能代表目前电子教材开发的最高水平，符合该公司对未来电子教材的预期。

与此同时，山东教育出版社进一步拓展了数字出版产品线的建设，创立了"鲁教金榜"数字教辅品牌，成系列开发数字教辅。该系列数字教辅融合了纸质版教辅和光盘版教辅的特点，按照平板电脑的操作特性精心设计。

抢占先机构建数字化出版平台

在以上项目建设逐渐成型的同时，山东教育出版社为了进一步完善数字出版产业链的立体化布局，在一系列互联网技术的支撑下，利用整个团队技术的专业性和敏感性，开始了建设数字化网络出版平台及移动教育学习平台的探索和尝试。

2013年11月1日，山东教育出版社获批《国家互联网出版许可证》。同年，具有网络出版功能的山东教育出版网一期建设基本完成并上线试运行。网站已经实现了数字产品的展示发布、数字图书的销售、教材教辅配套资源的下载、最新图书的宣传推广、读者留言的每日答复等功能。该网站在2013全国新闻出版业网站系列荣誉评选中，荣获出版业优秀门户网站。目前，网站上已经有PDF格式的电子图书500余本。而目前网站的主要功能是为广大师生提供教材教辅配套资源下载的服务，同时同步销售有数字版权的图书。现在网站已有近2万名会员。

随着互联网生态在教育领域的进一步拓展，近几年来在线教育方兴未艾，成为互联网的又一掘金点。2013年6月，山东教育出版社抢占先机，与高等教育出版社、外语教学与研究出版社、北京师范大学出版社等10家出版社一起，共同成为中国移动教育学习平台的首批内容制作合作单位。移动教育学习平台是有交互能力的平台，用户能够充分利用智能手机的特点，随时随地学习，并能够对学习效果进行测评。山东教育出版社很快完成了适合手机阅读与交互使用的100多种图书并投入平台。

持续注重技术敏感性是山东教育出版社在数字出版领域能够走得如此之远的关键点。传统出版社在数字化转型中之所以步履维艰，对互联网和数字出版领域的技术关注不够是其中的一大因素。山东教育出版社意识到问题的同时，也开始了着手解决问题的先行尝试。

在谈到今后的发展预期时，刘东杰表示，山东教育出版社刚刚完成数字出版领域的布局，有些方面已经取得立竿见影的效果和广大读者的认可，有些方面则需要进一步解决其中暴露或长期忽略的问题后方能有所成效。经过长期的检验后，山东教育出版社会突出重点布局，以求做出自身特色，吸引优质内容和作者的聚合，在数字出版领域打开一条通路。

（作者为《出版商务周报》实习记者）

高教社抓住教育根本 布局在线教育新生态

张君成

作为较早涉足在线教育领域的出版机构之一，高等教育出版社（以下简称高教社）2000年就开展了"新世纪网络课程建设工程"等在线教育项目的建设，并取得丰硕成果，这些成果对推动我国高等学校数字化教学资源的建设和应用、提高教学质量，发挥了积极作用。然而，随着网络技术、数字技术的高速发展，各种媒体加速融合，各种新的出版形态不断涌现，在线教育市场环境复杂，高教社面临着新的要求与挑战。

高教社相关负责人表示，在线教育优劣的评判标准不在于在线多少门课程或者为用户提供多少资质证书，而在于是否真正扎根于教育，是否为文化繁荣提供土壤，是否为更多人提供平等教育机会。因此，高教社做在线教育，首要原则便是要以教育为依托，进行可持续性教育生态建设。它所营造的不是线性封闭的自成一派的体系，而是一个相互关联有机结合的生态系统。为此，高教社在在线教育领域实行"三端"布局——高端战略谋划、中端产品布局、终端出版支撑，结合自身转型特点，植根于教育，着力大局发展，打造在线教育的新生态。

高端战略谋划：着眼顶层设计和研发

在高端战略发展布局中，高教社着眼顶层设计，利用新技术和创新管理模式等措施将在线教育引入良性发展轨道。

坚持顶层设计、全面推进、重点突破和多元创新并举。2013年9月，高教社发布《加强数字化业务，推动出版转型升级工作要点（2013—2015）》，全面提升在数字技术、信息网络技术条件下开展教育教学资源研发、生产、营销、服务的能力和水平，并将其作为构建数字化产品体系的顶层设计方案。在高教社看来，在线教育必须要纳入高教社的整体出版转型当中去，避免出现技术、教育、出版相分离的"三张皮"。顶层设计方案重点着眼于体制、机制和业务流程规范建设、传统业务升级转型、数字化新业务多元探索实践等多个方面，以期带动全社业务的全面发展。

以教育为根本、课程为中心的产品研发为思路，推进研发工作转型升级。以教育为核心的同时，结合新媒体时代学习习惯和特点，优化教育内容呈现方式。高教社通过参与国家精品开放课程等项目建设，不断明晰数字化、网络化条件下优秀教材体系建设思路、模式，并在教学改革、技术革新深度融合前提下采取以课程为中心的产品研发思路，开展数字化业务。在后续发展中，高教社在研发数字产品上更加积极，也带动了研发工作转型升级，将在线教育版块更好地纳入转型升级的发展战略之中。

促融合，新技术应用提高研发、生产、营销各环节效率和效益。二维码等一批新技术的应用，促进了纸质教材与在线教学资源的深度融合，提升了产品的适用性和竞争力。在在线教育产品推广方面，高教社广泛借力，利用微信、微博、QQ等新的技术工具开展网络营销，通过自建和合作的方式开展电子商务业务，线上线下营销相互促进，形成良性的有效互动。

数字产品形态逐步清晰，加大产品研发力度，力图形成规模效益。高教社在新形态教材、在线教育服务、学术数据库和电子图书等数字产品形态和业务模式清晰成型后，相应的产品研发、技术支持、运营服务业务支持水平也在不断提升。在这种情况下，高教社不断加大产品投入研发力度，为产品品种规模、品牌效益和销售收入不断扩大打下良好基础，促使整个业务进入良性发展轨道。

完善数字业务流程规范和管理制度，高度重视版权保护。高教社在覆盖数字业务各环节的制度建设和流程设计上制定阶段性任务，对流程管理制度进行不断完善，对数字化业务的持续健康发展提供了制度保障。在版权保护方面，高教社根据不同类型业务发展需要，以及开展教学资源再集成和教学服务需要的出版权、传播权等各种权利，完善现有格式出版合同文本13种，这些都为在线教育的良性发展提供了保障。

中端产品布局：凭优势打造核心竞争力

丰富的教学资源、多年经验与口碑、庞大的用户群体、国家与政府的支持，为高教社的产品研发提供了坚实的基础。因此，高教社更多考虑的是在产品布局中，如何找到核心竞争力，做到"人无我有，人有我精"。目前，高教社主要在线教育产品有："爱课程网""全国高校教师网络培训中心""中国大学生在线"和"中国学术前沿期刊网"。这四条产品线覆盖范围广，各具竞争力，构成了高教社在线教育的产品体系。

爱课程网自2011年11月9日开通以来，已成为集聚、融通中国大学视频公开课、中国大学资源共享课和中国大学MOOC三类在线开放课程的平台，参与建设的高校、课程团队数量国内最多，课程及教学资源数量、选课人数全国第一，也是国内第一家发放课程认证证书和开通SPOC服务的平台。其中，中国大学视频公开课共立项1 011门，已上线781门，总讲数为5 598集；精品资源共享课共立项2 911门，已上线2 628门；开设MOOC 229门，选课人次突破160万，选课人数最多的课程人数近8万，发放课程证书3.4万余张。爱课程校园端已成为连接学校数字化教学和国家精品开放课程项目建设成果的桥梁，在多省试点工作中得到广大教师的认同。爱课程网对课程质量严格把关，每门课程均采取"三审"制，邀请学科专家提出修改意见，保证内容品质。

全国高校教师网络培训中心开展的培训覆盖了学前教育、中小学教育、职业教育、大学教育的教师教育培训体系。中心大力创新高校教师培训模式，使高校教师培训得以常规化、信息化、网络化，教师参训更加方便、省时、节约成本，深获高校与教师的欢迎。高教社的强大资源为此提供了有力保障，经过多年建设，该中心已经成为国内最有影响力的高校教师培训机构。中心将混合式同步培训与自主性在线学习相结合，网络培训与校本培训相结合，线上培训与线下培训相结合，7年时间共开设1 000门培训课程，1 000多位高等学校教学名师奖获得者、国家精品开放课程主持人等作为主讲教师登上网培讲堂，有40多万高校教师参加了培训，培训覆盖了98%的本科院校。利用在线教育积累的丰富经验和建设的先进平台，高教社成功进入基础教育教师培训领域，是"国培计划"培训项目的主要承担单位之一，先后承担了示范性网络研修和校本研修项目、高端工作坊项目和信息技术能力提升等培训项目，覆盖17个省份，每年参训教师达数十万人。

　　以中国学术前沿期刊数据库为核心内容的学术期刊出版平台二期2014年8月成功上线，主攻高端学术路线。该平台按照国际通用标准，完善了在线发布机制和获取模式，丰富了对作者和读者的服务功能，提高了内容编辑处理能力，提升了论文评价数据支持水平，可以面向全球用户提供服务。在采访中，平台负责人向记者介绍，目前全国已有50多所知名高校与平台签订使用协议，而这个数量在未来还会进一步扩大。

中国大学生在线主攻大学生综合服务，近几年发展迅猛，注册人数不断提高。中国大学生在线在频道内容建设方面颇具特色，设有资讯、校园、就业创业、读书、服务、文史、科技、军事、体育、图片、辅导员等10多个频道40余个栏目，提供博客、论坛、社团等社区服务。网站坚持"共创、共建、共管、共用、共享"的原则，清华、北大等82所知名高校成为网站的理事高校；在156所高校建有校园网络通讯站等，为网站提供丰富、鲜活的内容来源。

终端出版支撑：出版和在线教育齐头并进

一切为了更好地服务教育，正因牢记宗旨，高教社才不会"因为走得太远，而忘记为什么出发"。在进军在线教育的同时，高教社充分发挥传统出版优势，传统业务与新兴业务有机结合，齐头并进，相得益彰。

高教社研发出版大量纸介质教材和数字化资源一体化设计的新形态教材，配套上线教学资源，通过二维码等网络技术以及新颖的版式设计和内容编排，建立纸介质教材和数字化资源的有机联系，形成相互配合、相互支撑的教学资源体系，较大程度地提高了教材的适用性和服务课程能力，取得良好的市场反响。

职业教育类的多种富媒体电子图书入选教育部征集数字化教学内容资源，图书以电子书的形式呈现，适用于移动设备。书中在相应操作示例处配有视频文件，步骤图都有点击放大效果，使读者体验新的阅读方式，目前已经被多所学校采用。

高教社社长苏雨恒表示，未来还会进一步加深在线教育与出版的融合力度，"技术与出版，从来都是相辅相成的"。

（作者为《出版商务周报》记者》）

高教社：在线教育的立体化布局

张　泽

　　在线教育是目前互联网最火的词语之一，继2013年被称为"中国在线教育元年"之后，2014年，在线教育蓬勃发展并发生了深刻变革，在互联网投资领域热度居高不下，融资案例也与日俱增。纵观全局，在线教育方兴未艾，国家教育行政部门、互联网行业、教育行业纷纷侧目，越来越多的用户也开始投来关注的目光一探究竟。关于在线教育的话题也成为业界热点话题，在线教育的传统格局正在被悄然颠覆，市场化竞争日趋白热化。传统教育出版企业一时间倍感压力，纷纷开始寻求转型，高等教育出版社（以下简称高教社）正是在这种局面下开启了在线教育的转型之路。

伴随行业需要的发展步伐

　　事实上，国内在20世纪就开始了利用信息化技术改进教学内容、教学方法、教学手段的探索，这个阶段建设了一批高水平的试题库、计算机辅助教学软件等。到了21世纪，互联网方兴未艾，教育部批准68所高等院校利用互联网进行现代远程教育试点，同时也催生了第一批为高校服务的在线教育平台的诞生。近年来，在线教育的发展重点从原先的内容资源数字化建设转移到开放性课程建设。国内在线教育尤其是高等教育和职业教育这些年的发展，很大程度上是由政府部门的一系列项目推动的。

高教社作为国内教育出版的领头羊和国内最早涉足在线教育领域的出版社之一，无疑是中国在线教育发展历程的见证者、参与者、实践者。从做出一批在国内反响良好的计算机辅助教学软件，到配合教育部实施"新世纪网络教育课程"建设工程和"国家精品开放课程"建设项目，高教社在线教育布局的每一步都是与国内的教育信息化发展同步的。

近几年来，在线教育在国内的发展迎来了新的契机，从数字化资源建设向开放教育方向发展。在这个过程中，政策的适当放宽给予了大量资金进入该市场的机会，互联网公司的大量创业项目也为在线教育的发展提供了新的技术支撑，传统教育出版社面临着市场化转型的十字路口。

面对这样的行业形势，高教社适时调整战略，在保持原有高等教育优势项目深度的同时，拓宽了业务广度，开展了职业教育、成人教育和教师教育等方面的尝试。转型期的探索是伴随着阵痛与曲折的。在线教育不同于传统教育，它投入大，且短期内很难看到收益，也没有固定的业务流程和清晰的盈利模式，在很多方面，行业内都难以形成共识。这对传统出版社是一个极大的挑战。传统教育出版社涉足在线教育领域，在人才、资金等方面更是面临极大的挑战。高教社也在经历着理念创新、体制创新、技术创新等方面的不断磨合，需要学的还很多。

立体化的产品体系与商业模式

互联网企业多在产品基础上衍生出不同的盈利模式，与此不同，高教社在线教育的模式还是卖产品和服务。互联网时代有一个理论，"羊毛出在狗身上"，大部分互联网企业并不是通过卖产品来获得盈利，而是攒人气，攒点击量，攒用户数，然后通过广告等方式衍生出其他的盈利方式。然而高教社并非如此。目前来说，高教社首先卖的还是新形态教材产品，其次是卖课程，最后是提供整体教学解决方案。

在教材产品方面，重点建设以纸介质教材为核心，数字化资源相配合的新形态教材产品。通过纸介质教材和数字化资源的一体化设计，充分发挥纸介质教材体系完整、数字化资源呈现多样和服务个性化等特点，并通过二维码等网络技术以及新颖的版式设计和内容编排，建立纸介质教材和数字化资源的有机联系，形成相互配合、相互支撑的知识体系，从而提高信息技术环境下教材服务课程的能力，为学校开展在线教育提供支持。从某种意义上讲，这是对传统教育出版物的升级。在国内，高教社在教材数字化和新形态教材研发方面做得比较早，也是比较好的，新形态教材的销售码洋占高教社总销售码洋的38%以上，这个比例和国际相比也是接近的。

在在线课程方面，为适应我国在线教育的快速发展，高教社在教师培养、中国大学MOOC领域开展了卓有成效的工作，取得了不错的成绩。全国高校教师网络培训中心就是高教社面向全国高校教师，创新高校教师培训的一种尝试，开发在线课程500多门，培训教师超过30万人。"爱课程网"是我们的一个高等教育课程资源共享平台，集中展示了"中国大学生视频公开课"和"中国大学资源共享课"，并对课程资源进行运行、更新、维护和管理，具有资源浏览、搜索、重组、评价、课程包的导入导出、发布、互动参与和"教""学"兼备等功能。可以说是高等教育优质教学资源的汇聚平台、优质资源服务的网络平台、教学资源可持续建设和运营平台。高教社还计划在职业技能培训，特别是行业岗位培训领域进行尝试，寻求这些课程与技能证书相挂钩，创新职业培训新模式。

在这些布局之外，高教社作为传统出版社，在提供在线教育整体解决方案方面还有更具深度的转型尝试。高教社利用多年来累积的大量教学资源和技术平台，为学校、教师量身定制在线课程，并提供全程教学支持。这方面的服务主要体现在四个方面：资源建设、活动支持、平台支持、课程评价。在这个体系下，学生有问题可以随时与教师在线互动，学习的积极性能够得到很大提高，并且可以构建一种新型的具有互动性的师生关系，在很大程度上提高教育质量和教学效果。实际上，这就是从资源建设到教学过程、教学评测的全程整体解决方案。这样的方案很受高校老师的欢迎，盈利模式也相对简单，按照学期收取服务费用。目前，有大量高校依托云课程平台，利用这种整体解决方案支撑数字化课程教学。

优势与短板并存中的市场竞争

我国是一个教育大国，但并非教育强国，教育领域依然存在着各种问题，包括标准不统一、市场不规范等。目前，国内在线教育行业还处在一个诸侯割据、各自为政的局面，这对在线教育的发展和参与市场竞争的企业来说，都是不利的。因此，在线教育领域需要更多地依靠市场调节达成统一有序的竞争形态，必要时，也需要一定的行政引导。

目前存在的最大问题是教育体制如何适应在线教育，太过封闭的教育体制很难促进在线教育的良好发展。但对传统出版社来说，教育体制一旦放开，市场竞争就会更加激烈，大资本大运作会对整个行业产生影响。一方面，高教社希望在线教育市场快速发展壮大；另一方面，高教社作为传统出版社是否能适应市场的白热化竞争，也是一个隐忧。不过，作为一家教育出版社，高教社必须面对学校教学信息化的大潮，接下来要思考的是如何发挥高教社的优势，以己之长博得在在线教育领域的长足发展。

高教社每年有1万多种在供图书，3 000多种新书，内容优势不言而喻，并且这种内容优势呈全学科状态；高教社的在线教育起步较早，在立体化、多维化的数字化资源方面也积累了一定优势，这对促进在线教育的发展是弥足珍贵的；经过多年来的尝试与实践，高教社对教育行业的发展有着敏锐的触觉，对在线教育也有更好的理解和把握；同时高教社积累了大量包括教师人脉资源在内的社会资源，这些都是高教社发展在线教育的基础。

但是，在在线教育这个群雄并起的领域，高教社的劣势也非常明显。首先体现在盈利模式上。码洋、利润对传统出版社来说是很现实的，而在线教育项目很难在短期内获得收益，这对出版社开展在线教育业务的积极性是一种伤害。其次体现在技术层面上。虽然高教社相比于其他出版社，在技术发展上有优势，但较之互联网公司、技术提供商，还有很大缺陷，如果没有技术创新的支撑，想要取得长远的发展是非常困难的。最后体现在人才培养上。在这个市场的变革中，高教社需要面对现代企业制度改革的曲折，传统出版社在争取人才方面很难与高新技术企业相比。因此，如何在体制内进行合理的改良，对人才队伍的培养更加到位是高教社亟待解决的问题。

高教社对在线教育的布局有明确的规划，未来高教社将加强技术平台建设和生产研发基地建设，提高数字化运营服务能力，创新数字化业务模式，完善数字化管理服务体系，力求在在线教育的更多领域有所突破。

（作者为高等教育出版社数字技术部主任）

人卫社：医学数字教材如何植根高校

原业伟

2014年7月12日，由人民卫生出版社（简称人卫社）出版的中国首套国家级医学数字教材——全国高等学校五年制本科临床医学专业规划数字教材首发式在包头举行。随后，这套教材进入实验教学阶段，首批选定近40所院校进行教学试点工作，并以数字教材为基础，开展全面医学数字化教育的探索和研究。这套数字教材的发布和推广，是医学专业出版数字化的一次尝试。

质量和专业的保证

在线教育拼的是质量。在专业出版领域，在线教育能否成功，要看该产品的专业水准和用户黏性。人卫社的数字出版具有深厚的底蕴，该社传承60多年专业医学出版、30多年规划教材建设、20年电子音像出版、8年数字出版丰厚积淀，以历经36年8次修订的中国医学"干细胞"教材——全国高等学校五年制本科临床医学专业规划教材为蓝本，并且以全体"干细胞"教材编委为核心，联合医学数字教育专家、技术专家，共计90多所医药院校1 300多位专家教授，利用多媒体、互联网、触控等技术，整合图片、音频、视频、动画、习题、扩展阅读等媒体内容和交互效果，打造出了这套医学数字教材，因此具有较高的专业水准。

从这套数字教材的内容来看，该教材植根医药卫生人才培养，通过科技与出版、科技与教育、科技与卫生的融合，通过内容整合、产品整合、平台整合、组织机构整合、专家资源整合、服务方式整合，创新教育教学模式，提升教学效率和教育质量。该套教材共计53种，首发式推出《系统解剖学》等4种，在2014年11月底陆续出版上线。该套数字教材建设还获得了"中国医学数字出版和国际化信息平台"和"中国医学教育数字出版平台"两个国家新闻出版改革发展项目库入库项目和财政部文化产业专项资金项目3 200万元支持。

在数字出版领域，抢占领先地位非常重要，因此从事在线教育的出版机构需要多方创新。人卫社这套教材的编写，以医学教育"干细胞"教材为基础，首开中国医学数字教材建设先河，做到6个"首先"，即首先启动、首先编写、首先定稿、首先制作完成、首先正式发布、首先公开使用。该套数字教材内容和形式实现四个创新：第一，创新媒体形式，融合图片、视频、动画等多种媒体形式，完成教材从纸质到全媒体转变；第二，创新互动模式，除具备纸质教材的学习功能外，还可以实现检索、交互、云笔记、测评、社会化学习等数字化独有功能；第三，创新阅读方式，支持平板电脑、手机等阅读终端，支持iOS、Android、Windows等操作系统；第四，创新教育服务，与MOOC平台、题库、数据库平台整合人卫云，借助大数据，形成人卫社数字化医学教育整体解决方案。

提高用户黏度的另一个方面是建立完整的学科体系，从而建立有效品牌，让该专业各层次读者都认准这套教材。人卫社围绕学校基础教育、毕业后教育、继续教育三个医学教育阶段，逐步建立了完善、高质量、立体化的学校基础教育数字教材体系。这套数字教材的五年制本科临床医学部分已陆续上线，口腔医学本科和研究生数字教材正在编写，还将陆续启动中医、护理等专业的规划数字教材建设，最终打造成覆盖中职、高职高专、本科、七年制、研究生、八年制五个层次，满足基础医学、临床医学、口腔医学等各个学科的教学和人才培养需要的立体化数字教材体系。

营销推广深入校园

在线教育产品的营销是重中之重，人卫社充分利用固有渠道，发挥技术优势，保证读者可多渠道获得数字教材——读者可以在网上购买，也可像纸质教材一样通过传统渠道购买；可以作为单一产品购买，也可与纸质书打包购买。同时，数字教材依托人卫云既可为任一学习阶段或专题的学习提供解决方案，又能针对医药学专业人员需要终身学习的特点，提供针对性强、终身持续的数字化服务。

人卫社这套数字教材在2014年11月底陆续全部出版上线之后，

立即进入实验教学阶段，首批选定了近40所院校进行教学试点工作，并以数字教材为基础，开展全面医学数字化教育的探索和研究。人卫社相继在哈尔滨医科大学、武汉大学医学部、贵阳医学院、安徽医科大学、重庆医科大学、山西医科大学、上海交通大学医学院、南京医科大学、温州医科大学等院校成功举办了"中国医学数字教育项目示范基地"签约挂牌仪式及相关工作会议。

人卫社还利用各种数字化教学研讨会推进数字教材，例如，2014年10月16日在江苏盐城召开的"医学职业教育信息化研讨会"。这是人卫社首次召开以信息化、数字化为主题的教学研讨会。人卫社总编辑杜贤在会上介绍了人卫社医学职业教育数字化整体解决方案的蓝图以及建设情况，提出医学职业教育信息化建设的远景、目标和战略，制定出医学职业教育信息化的系统架构，对医学职业教育信息化目标和内容进行整体规划和部署，全面、系统地推动医学职业教育信息化进程。人卫社数字出版传媒中心在会上就医学教育数字化服务解决方案的每个模块都做出了系统而详尽的解读，体现了人卫社的整体解决方案个性化、立体化和"一站式"的服务特色。

人卫社为推广数字教材制定了长期策略，并一直将其作为自身发展的重要工作。2015年，人卫社继续在各大医学院校推广数字教材。3月10日，人卫社总编辑杜贤和出版社学术编辑中心、期刊编辑出版中心、药学编辑出版中心、数字出版传媒中心等部门负责人一行9人到湘雅医学院调研，并签约挂牌"中国医学数字教育项目示范基地"。同时人卫社向学校提供临床医学专业系统解剖学、生理学、儿科学等多门数字教材，并赠送数十台平板电脑，全部用于数字教材实验教学使用。此外，合作编写教材是人卫社与各医学院校的合作方式，也是促进数字教材生根落地的方式。人卫社和湘雅医学院在器官系统整合课程教材编写、临床技能模拟教学数字化建设、医学教育管理与教学方法研究专著编撰、精神医学等国家急需专业人才培养系列教材建设、教材编写人员遴选机制、MOOC申报等方面都有深入合作。

人卫社在合作院校开展深入调研活动，获得了一手信息。据人卫社数字教材项目策划编辑介绍，各大医学院校师生反映，目前这样的数字出版教材比较紧缺。在教学中，该数字教材的优势在于：第一，可以提供2D、3D动画，便于展示医学抽象复杂的机制原理、解剖结构等，有利于掌握基础知识。第二，可以展示各种临床视频资料，有利于临床实习。第三，比起纸质版，增加了很多彩图，还将纸质教材中的很多黑白图彩色化。在数字教材问世前，老师只能自己从网上搜集相关彩图和视频。第四，在平板电脑和手机上阅读，方便课堂教学、临床实习，更方便复习。推广数字教材后，有些医学院已开始尝试应用电子设备授课。第五，由于数字教材基于人卫平台的支持，老师可以看到学生的测试情况、学习记录，可以掌握学习情况。

在调研中，人卫社还发现，教师在应用教材时非常重视数字教材的互动功能。在对教材进行修订时，人卫社会考虑加入更多的互动项目。

（作者为《出版商务周报》记者）

世纪天鸿：展现在线教育的雄心

原业伟

9月15日，山东世纪天鸿文教科技股份有限公司（以下简称世纪天鸿）在全国中小企业股份转让系统挂牌。在新三板挂牌的出版发行企业中，主营业务涉及教材教辅出版发行的竟有9家之多，世纪天鸿是其中的代表。

世纪天鸿新三板挂牌，将旗下的北京天梯志鸿教育科技有限责任公司主营的在线教育业务作为重点，展示了借助资本市场的力量，进军在线教育的雄心。

稳步进军资本市场

世纪天鸿在新三板挂牌是公司整个资本运作工作中非常重要的一个环节。据世纪天鸿副总经理、董事会秘书张立杰介绍，世纪天鸿的资本运作最早可以追溯到2004年取得出版物全国总发行权与出版物全国连锁经营权之后。当时国内很多投资机构研读国家关于新闻出版行业的宏观政策之后，结合在民营书业中的调研，表达了对世纪天鸿进行股权投资的意愿，就是在那个时侯世纪天鸿第一次接触到了资本市场。对于世纪天鸿而言，以往的成长经历都是在企业经营管理层面，从来没有与资本市场打过交道，在与专业人士的不断接触中，通过请教与学习逐渐适应了资本市场的逻辑思维，有了继续在资本市场进行探索的决心与动力。

2011年随着国家对于民间资本参与新闻出版发行改革和转型的支持，世纪天鸿确定了要在资本市场上市，而新三板是世纪天鸿整体上市目标中非常重要的一个平台。张立杰认为，通过在新三板挂牌，世纪天鸿实现了以下目标：新三板挂牌使世纪天鸿进入资本市场，企业经营规范性得到了股转系统的认可，未来也将作为公众公司接受社会各阶层的监督与监管；通过新三板挂牌使世纪天鸿丰富了融资途径，同时也可以对世纪天鸿的企业价值进行社会化评估；尽管挂牌前世纪天鸿已经在业内具有较高的知名度，但挂牌后在大文化领域和资本市场有了更大的施展空间；通过新三板挂牌，世纪天鸿建立了相对健全的法人治理结构和丰富的股权多元化结构，既借助了外部力量发展企业，也为核心员工提供了与企业共同成长的平台，同时建立了稳定的人才梯队培养计划。

当然，世纪天鸿在新三板挂牌也会带动行业并购整合，对行业转型进行探索与示范，为民间资本参与新闻出版体制改革做出努力。出版人陈有道分析："从北教传媒、昊福文化、安之文化、中教产业的股权转让说明书或各自年报中2014年度的主要财务数据看，世纪天鸿的业绩无疑堪称华丽了。在新三板的五家教辅出版发行商中，世纪天鸿是相对有比较优势的，其主营收入、净资产、净利润都超过其他四家中的任何一家，净资产总额超过其他四家净资产总和，由此可以看出世纪天鸿作为老牌民营教辅企业的深厚积累与实力。"

张立杰也对其登陆新三板之后的发展作出了预测："世纪天鸿作为民营资本参与图书出版发行行业的竞争，在资产规模、现金储备、政策倾斜、社会影响力等方面与国有出版集团和新华书店相比都不占优势，从财务指标上可以看出，目前世纪天鸿的资产负债率常年保持了50%左右，这个数值是相对健康的，既保证了企业具有较强的偿债能力，又较为有效地利用了外来资金。新三板为企业提供了更为广阔和便捷的融资渠道，世纪天鸿近期也计划利用新三板的融资功能进行定向增发，使企业更为合理有效地利用股权融资方式，平衡资产负债率，为企业升级转型储备资金。"

在线教育是亮点

世纪天鸿是"山东民营教辅书商"的代表，也是"老字号"的教辅出版商。数字教育是大势所趋，而发展在线教育产品是未来之路。随着互联网技术在教育领域的广泛应用及我国教育信息化的稳步推进，数字化将对传统教辅行业带来渐进性影响，从而迫使企业调整业务结构。陈有道分析："传统民营教辅出版发行商在资本市场其实没什么故事可讲——教材教辅在我国从来就是国有企业垄断的市场，民营公司能喝一点从指缝里漏出来的汤汤水水就算不错。但是互联网教育的概念却火爆得不行，目前又还是群雄逐鹿的时代，没有垄断企业，看起来大家都还有机会——世纪天鸿正是奔着这个故事来的。"世纪天鸿在筹划上市之前就开始了数字出版和在线教育领域的布局，经过多年的实践，结合传统教辅图书在内容资源和渠道方面的优势，陆续开发了服务于教师、学生和家长的多款在线教育产品，为公司转型升级进行了大量试点工作。但陈有道也发现："世纪天鸿2014年度在线教育收入264万余元，但2013年世纪天鸿的在线业务收入已经达到285万余元。看来这一年多，其在线教育业务发展并没有实现什么突破，与在线教育整个产业的高速成长有些不匹配。"

在线教育产品注重创新

北京天梯志鸿教育科技有限责任公司是志鸿教育集团2009年经股改成立的集团首家股份化教育信息化公司，这也是世纪天鸿发展在线教育的主要平台。天梯志鸿的发展规划主要有以下几个部分：备课助手、成才学院、志鸿网园校、在线组卷和成绩管理系统。

备课助手是中小学教师备课解决方案。这是一款面向中小学教师的软硬件相结合的教学辅助工具，以中小学教学资源为核心，辅以鼠标扫描仪、OCR识别技术等手段将纸质内容或图片内容转换成文字等可编辑电子内容，可有效帮助教师快速、高效地备课。其产品形态是PC端客户软件＋鼠标扫描设备。产品融合了志鸿图书试题品牌资源，与教材、教学同步。

成才学院是学生个性化学习解决方案。这是一款面向中小学学生及其家长的智能化互动学习软件。历经十年磨砺的"任志鸿学习法"，将学习内容游戏化，场景虚拟化，让学生进行角色扮演，通过游戏闯关、答题PK等方式来学习，更好地激发学生的兴趣，提高学生学习的自主性，为用户提供高效、实用、系统的学习方法。产品包括移动端应用和PC客户端软件。

志鸿网园校是一个面向中小学校、教师推出的一项为教学服务、让教师受益、实现资源共享、减少重复建设的综合性教学资源服务网站，拥有海量资源。在线组卷系统依托志鸿教育多年资源积累，提供小学、初中、高中各版本同步题库。

成绩管理系统是一款针对中小学信息技术的应用，是基于Web的旨在提高教师教学效率和及时反馈教学效果的管理平台，为教育教研等主管机构、学校或培训单位提供对历年考试成绩的管理与统计分析，更快捷地了解到成绩的变化信息和各个区域之间或学校之间成绩的对比分析。

新三板挂牌企业要坚定信心

目前在新三板挂牌的企业有4 100多家，张立杰认为：在新三板挂牌的新闻出版行业企业与在上海深圳上市的新闻出版企业相比无论总体规模、单一体量都远远落后，尚未形成一个行业群体，因此只要是符合新三板挂牌要求，自身希望通过资本市场发展壮大的企业都可以通过股改、规范程序实现挂牌目标。

张立杰分析，行业内企业如果有意登陆新三板，应注意以下问题：要及早做决定，做出决定后要下定决心、坚定信心；确定适合企业自身情况的券商、会计师、律师等中介机构；根据新三板相关法律要求和中介机构意见规范业务和财务，建立规范的法人治理结构；提炼企业核心竞争力，归纳商业模式，提升企业自身价值。

（作者为《出版商务周报》记者）

3.专业社的个性探索

　　本章节侧重介绍各类专业社在数字出版方面的探索，从《专业社数字出版:从产品到服务的转型》一文即可看出这个章节的综述，正如文中所提到的那样，由于这些出版社编辑人员专业性强，技术力量充足，所以最先介入数字化出版，也是最早取得两个效益的。它们在产品形态方面的探索，在各部门融合爆发合力的典型，足以给其他类型出版社带来启示。这里选择的各家出版社，是如何结合自身特色、扬长避短，最终达成预期目标的，请读者各自品读。在此，编者不再赘言。

专业社数字出版:从产品到服务的转型

原业伟

专业出版社数字产品各具特色,自成一体。由于编辑人员素质高、专业技术人员多,部分专业社最先介入数字化出版的进程。如今,在很多的专业出版社,数字出版不再是一个单独存在的部门,而是一种可以融入出版每个环节、每个部门的产品形态,通过传统业务和新业务的融合,能够爆发出合力的武器。专业出版机构通过搭建数字出版平台,对传统出版业务和数字化新业务的一体化管理,对内容资源的碎片化管理,组合生成新产品,实现产品类型、销售方式、服务模式多样化。由传统出版时代单一固定的销售模式升级为互联网时代下广泛而灵活的授权服务模式,不断提升有限内容资源的无限价值潜力,进而增加产品销售收入,获得最大化盈利空间。

因此,专业社的数字出版发展核心是搭建适合自己专业发展的数字平台,并根据读者、机构用户、学者的实际需求加以改进,将自己的内容资源转化为产品,再转化为服务。

专业社数字出版的形式

专业出版社的数字出版形式多样,盈利方式各不相同,总结起来,有以下几种主要类型:

一是搭建专业数据库。专业出版社汇总自己的内容资源,搭建数据库,是数字出版的基础。如中华书局搭建的"中华经典古籍库",社会科学文献出版社的"皮书数据库""列国志数据库"等。很多专业出版社向图书馆、高校、科研院所提供专业数据库,供读者查询。数据库建设前期往往有国家、政府的资金投入。例如,人民卫生出版社"干细胞"数字教材建设获"中国医学数字出版和国际化信息平台"和"中国医学教育数字出版平台"两个国家新闻出版改革发展项目库入库项目和财政部文化产业专项资金项目3 200万元支持。上海外语教育出版社投标的项目"外教社双语词典编纂系统研究"获得了上海市科委资助项目立项,并得到了200万元项目资金资助,该项目除了研发一套双语词典编纂系统外,还相应建立一个60万句对的双语平行语料库。数据库建成之后,将其中的内容碎片化处理,可以开发新的产品,形成多种盈利模式。但也有专业社自主投入巨额资金搭建平台,例如人民交通出版社拟在2015—2017年自主投入5 000万元以上,确保数字产品的开发与营销。

二是搭建专业在线教育平台。专业教材是专业出版社的重要出版项目,围绕专业教材、教辅,搭建在线教育平台,培训专业人才，是专业出版社数字出版发展的重要方向之一。如中国建筑工业出版社"中国建筑全媒体资源库与专业信息服务平台"共获得财政部2 550万元基金支持。2014年该平台的数字出版主要收入分为两个部分：显性收入主要来源于考试培训视频销售、网络电子书的销售、面向机构的电子书和数据库的销售、本部门数字产品的销售，2014年的实际销售收入为300万元左右；隐性收入主要来源于数字出版物增值服务、教材课件制作和服务，2014年的销售收入为1 500万元。

这样的专业教育平台，往往是在专业数据库的基础上搭建的，以培训专业人才为主，以专业资格考试为契机聚拢人气。也有的专业出版社拓展了在线教育的范围，如人民邮电出版社的人邮学院，是在"专业自主学习资源库"基础上搭建的，除了该社专业领域的信息素养类课程外，还包括通识教育类课程，为多家高校和企业服务。人民邮电出版社能开发领域如此广泛的平台，一个主要原因是该社隶属工业和信息化部，具有数字平台搭建的技术人才优势。

三是探索工具书数字化有效途径。工具书是专业出版社的重要出版内容，电子词典、在线词典兴起之后，很多专业辞书类出版社将辞书与电子词典、在线词典结合，实现了较高的盈利。如上海外语教育出版社出版的《新牛津英汉双解大词典》，第一版的电子版权转让收入就有近1 000万元。该词典的单语版、双语版纸质书出版后，市场反响强烈，前后有近十家电子公司与上海外语教育出版社和牛津大学出版社签订了电子版权转让合同。再如上海译文出版社与卡西欧合作，在卡西欧电子词典内置《英汉大词典》。同时上海译文出版社也拒绝了某些电子公司投来的橄榄枝。该社社长韩卫东表示："如果是卖血式垄断购买词典的版权，我们不会同意。"再如中国大百科全书出版社的《中国大百科全书》数字化种类行业领先，研发了光盘版、U盘版、网络在线版、手机版的《中国大百科全书》。

辞书和百科全书的数字化是国际趋势，《大不列颠百科全书》已经不再出纸质版，全部实现数字化。《英汉大词典》的主编朱绩崧也曾经表示："未来的《英汉大词典》可能只有数字版本，压根没有纸质版。"将来的词典编纂，要让词典文本适应互联网环境，重新构建用户界面，甚至是词条框架，在各类终端设备，譬如手机、平板和笔记本电脑上，让读者都能便捷查阅。编纂过程也可以采取互联网思维，《英汉大词典》编纂团队开发了基于微信的"语言素材搜集器"，欢迎全球读者随时随地提供内容，编者对读者提供的内容核实、判断，然后决定是否选用。目前电子设备和在线词典的公司，对词典内容知之甚少；而辞书出版社则很少有技术优势。未来两者将会协同开发电子词典、在线词典。词典的核心竞争力在于内容，因此专业出版社只要掌握了优质的词典内容资源，根据时代的发展及时更新内容，在数字出版时代就可以有一席之地。

四是打造艺术类的数字化产品。专业出版社的艺术类产品中，音乐类产品数字化程度较高，而美术类产品数字化程度较低。以上海音乐出版社为例，该社与上海文艺音像出版社是"两块牌子、一套班子"的市场实体。传统的纸质图书搭配音像产品分为两类：以碟片为主的产品赠书，或以纸质书为主的赠送碟片。现在又发展了在线DVD/CD和二维码扫描听音乐、APP等产品形式。美术类出版社则出版带有在线教学视频的美术图书，或者矢量设计素材。

曲谱的数字化、有声化对丰富音乐类出版社的产品形态很有意义，美术类出版社出版设计素材也方便了设计师的设计。但是，由于国内版权意识尚不明晰，艺术类出版社的专业数字化产品受盗版的冲击较大。随着在线图库、在线音乐的发展，很多优质专业数字资源没有受到保护，这就造成很多艺术专业出版社在数字化进程中犹豫不前。上海书画出版社社长王立翔的分析是："如果书画类图书做成电子书，将面临两大问题：版权问题和盈利方式的问题。从版权来看，书画作品一旦变为电子版，就会导致大量盗版侵权，很难保护知识产权；从盈利方式来看，书画类电子书还找不到可行的盈利模式，贸然加入可能加速自己的灭亡。因此我社目前正在开发专业数据库，为将来转型和产品开发作准备，并在与电商谈判，寻找共赢的可能。"

五是版权输出和对外销售。海外的数字教育、数字出版市场前景广阔，很多具有语言、文化优势的专业社通过搭建对外平台，取得了成功。如五洲传播出版社和北京语言大学出版社的平台。五洲传播出版社的that's book电子商务平台目前已有英文版、西文版，BIBF期间上线了阿文版，上线销售图书3 000余种，内容涉及20多种语言文字。北京语言大学出版社"对外汉语和中国文化资源平台"已有来自270多个国家和地区的注册会员上万人，"网络出版平台"已实现年销售100多万元的销售业绩。

随着我国科技进步，一些科技类出版社也建立了海外分社"造船出海"，如科学出版社成立了"东京分社"。而且海外市场对我国科技类图书的需求加大，国内专业出版物以数字出版的形式"走出去"，将会越来越多。以知识产权出版社为例，"走出去"战略为该社每年带来收入2 000余万元，其中大部分是通过"I译+智能翻译平台"获得。该平台为欧洲专利局提供翻译服务，从而让海外科研人员更好地利用我国发明专利的说明书。

六是尝试按需印刷和众筹出版。专业出版印量少，发行范围集中在有限的专业读者圈，因此特别适合按需印刷和众筹出版。例如知识产权出版社，推出了"来出书"平台，可以在平台上完成编审、校对、封面设计，作者全程参与，为服务对象提供了最优、最透明的方式，上线第一年就带来760余万元的收入，作者达到2万余人，目前已经发展成为"全流程数字出版平台"。再如人民出版社读书会平台，未来将尝试为众筹出版业务提供平台基础。

总结以上专业出版社的数字出版形式，搭建与市场兼容的内容运营平台是基础。搭建数字出版平台，需要建设充实而海量的专业数据库，设计对用户友好和可以个性化设计的界面，搜索和管理便捷，可以方便对接电子商务等功能，在此基础上，则可以开展各项数字出版业务。

数字出版面临的困境和突破

在我国，以数字出版为主要业务的大型出版社还寥寥无几。但在海外，很多专业出版机构已经实现了从图书出版到数字化平台搭建的转型，数字化服务已经成为很多海外专业出版机构的主要或重要盈利模式。例如，荷兰威科集团（Wolters Kluwer）2014年营业总收入36.6亿欧元（259.4亿元人民币），在2014年的财务数据中，有80%的销售收入来源于数字化产品及相关服务。再如全球员工5 000余人的专业出版机构约翰威利国际出版公司（John Wiley），年收入达17.6亿美元，公司的市值约27亿美元（2013年数据），其收入的45%来自于数字产品，产品形态主要是电子期刊和电子书，数字产品的收入主要来自图书馆预算、学校的教材教辅、专业研究预算等。其首席执行官Stephen M. Smith介绍："我们所面临的市场环境碰到更大的挑战，人们对传统印刷产品的需求在下降，这种情况全球都差不多。幸运的是，我们看到了在数字产品投资上的巨大机遇，以及全球市场的机遇。我和威利领导层描述出这样的愿景，即将威利从一个高品质的教育、研究和专业出版公司转型成基于内容的服务提供商，帮助相关领域的客户解决日常工作中碰到的问题。"与这些海外专业出版公司相比，我国的专业出版社数字出版还有很大的发展空间。随着我国的专业出版与国际接轨，数字出版在专业出版社销售收入中的占比，势必会逐年增加。

但是，我国专业数字出版的发展，还面临一些困难。第一，从前期规划上来看，部分专业出版社并没有找到清晰的盈利模式，投入和产出不成比例。有的专业数字出版平台搭建时所构想的盈利模式，不足以支撑平台的运营，但也仓促上马。第二，从建设投入来看，有些政府资金支持的数字出版平台，个别出版单位虚报账目，不考虑平台后期的可操作性，造成了一些"政绩工程"。第三，从搭建和运营人才来看，很多传统出版社存在数字人才瓶颈，因此长远规划无人落实。第四，从社会环境来看，目前网络侵权现象严重，原创平台的收入受到较大影响。第五，从社会接受度来说，很多用户不了解数字平台，搭建好的平台没有得到广泛关注。更重要的是，我国读者缺乏付费阅读的习惯，因此数字出版得不到应有的收入。

因此，专业出版社要制定应对策略：解决前两个问题，制定数字出版平台策略；解决第三个问题，制定数字出版人才策略；解决后两个问题，制定宣传策略。

在这三个策略中，人才策略是首先需要解决的问题。搭建数字平台涉及全社的工作重心转移，各专业出版社都要高度重视。搭建平台有两种形式：一种是以出版社自身力量为主搭建。这种出版社往往有很强的专业技术人才班底，或者引进了大量专业人才。例如知识产权出版社现有员工近1 000人，仅技术人才就有200多名，研发、运营了数十个平台产品，具备强大的技术研发能力、数据库开发能力、网络平台建设能力和丰富的平台运营经验。另一种是与专业技术公司合作。例如法律出版社、人民出版社等与英国出版科技集团旗下的北京英捷特数字出版技术有限公司合作搭建"综合型法律知识服务互动平台""人民出版社读书会平台"；再如中国建筑工业出版社与北大方正电子合作搭建"中国建筑全媒体资源库与专业信息服务平台"等。目前专业社搭建大型数字出版平台，还是以后者为主。因为专业的技术公司具有统一的接口，可以与第三方无缝对接，数据互通可以帮助出版机构实现大数据时代国际国内渠道的全面合作。未来拥有强大的人才优势和技术优势的出版社将有望成为出版领域的技术服务提供商，很多专业出版社也在培养自己的技术团队，力求在数字出版的市场上掌握主动权。

　　充实数据库和数据平台，需要全体编辑共同努力。从人才培养来说，熟悉电脑操作的新员工在数字出版技术掌握方面有先天优势，而且如果专业对口，在校期间也学习了一定的专业内容在线搜索知识，可以较快实现数字出版的转型；专业出版社的资深员工在专业技能、材料的整体把控、内容分析方面具有优势。两方面协调发展，则可以建设成庞大而有序的专业数据库。专业数据库绝不是简单的图书内容的堆积，而是将出版社的存量碎片化资源以及增量碎片化资源按照知识标引的规则纳入素材管理，统一进行管理。而且，专业数据库支持多套知识体系，构成网状知识图谱，帮助出版社实现全员数字化转型。

其次，是制定数字出版平台策略，关键是搭建平台之后，要有优质的资源充实数据库，实现数据库可持续发展。各种类型的图书内容都可以进入数据库，非图书的内容也可以搭建数据库，数据库形成规模之后，可以碎片化重组，形成新的图书或者其他产品。例如上海交通大学出版社历经3年打造的《中国地方历史文献数据库》，收集来自全国的文献，经过修复、扫描、录文、数据化标引，在数据库中实现了对文献的高保真再现，并实现PC端、移动端多元检索功能，为下一步重新整合碎片化的资料、出版相关图书、搭建学术研究的平台提供依据。很多文史类出版社都有类似的数据资料库。再如中国文史出版社，搭建了文史资料、人民政协等若干数据库，提供给政府部门、机构用户或电商。该社数字出版部副主任曹岚介绍道："建设中的文史数据库，包括针对机构用户的专业数据库和针对大众用户的基本库两部分。专业库查询项目、查询方式更多，查询更便捷。"文史资料浩如烟海，出版大部头的专业图书工程浩大、耗时耗力，而且难以获得一般读者的青睐。做成数据库之后，一方面方便专业读者查询，为有特殊需求的读者专门提供相应内容，如近现代史中的地方历史人物、地方文史资料等（定制相关图书，或者只提供相关数据）；另一方面可以开发文史类大众图书，打造成畅销书。

　　最后，从宣传策略上说，社会对数字出版认可需要时间，专业出版社需要催化大众对数字出版的认知过程。专业出版社一方面通过职业资格考试，培养在线读者；另一方面，通过在图书上印刷二维码、网址，培养读者在线阅读的习惯。还有的专业出版社则通过发布会、职业培训等方式培养用户，或者通过行业媒体、行业会展宣传。总之，搭建良好的数字出版环境，是专业数字出版平台发展的前提，数字出版平台需要专业机构的大力推广。

　　　　　　　　　　　　　　（作者为《出版商务周报》记者）

社科文献社：数字出版标杆是怎么炼成的

胡　涛

在专业出版领域，社会科学文献出版社是我国最早进行数字出版布局和探索的出版机构之一，也是公认的数字出版转型标杆。1999年开始信息化建设，2003年推出光盘版皮书数据库，之后不断进行产品的建设升级，2012年开启内容资源管理平台等基础平台建设，再到2014年新版皮书数据库、列国志数据库上线发布，2015年的"一带一路"专题数据库……不断深入开展的数字出版具体业务，有力地推动着社科文献社的数字化转型，也为其赢得了更多关注和赞誉。皮书数据库2013年荣获"第三届中国出版政府奖·网络出版物"提名奖，皮书数据库、列国志数据库在数字出版博览会上多次获得"数字出版·知名品牌"奖项；出版社成功入选国家新闻出版广电总局转型示范单位，也是国家数字复合出版系统工程应用试点单位和专业数字内容资源知识服务模式试点单位。

数字产品和基础技术平台建设，可谓出版社数字出版业务发展的明线。这条明线的背后，是出版社数字出版发展思路、路径选择、人才队伍建设等工作汇聚而成的暗线。明线因为一系列的数字出版业绩和关注赞誉而广为人知，但暗线才是出版社数字出版工作的关键。了解了暗线，才能更深刻地理解出版社数字出版的那些事！

社科文献社社长谢寿光：敢于做梦，让梦想照进现实

"做一个有梦的出版人"，这既是社科文献社社长谢寿光对自己的定位，也饱含着他对全社员工的期待。20世纪90年代末执掌社科文献社之初，在不少学术出版名社"往下沉"发力大众出版的时候，他就坚持将出版社定位于人文社会科学领域的学术出版机构，在"社会科学文献"这几个字上做文章，坚持"往上走"，终将一家当时仅有23名员工、年出书不到100种的小社打造成为专业学术出版社的翘楚，以身作则践行他的"学术出版梦"。

就像他对"学术出版梦"的大胆追逐一样，谢寿光社长又亲自开启了社科文献社的数字出版梦。数字出版，要不要发展，要怎么发展，至今仍是一个严肃的抉择问题。但早在十多年前，基于学术出版人的眼光和旨趣，谢寿光社长就敏锐地捕捉到信息技术与互联网将给出版业带来的冲击和改变。在整个出版界都处于观望之时，他率领社科文献社主动拥抱数字化浪潮，率先迈开数字化转型步伐。一步领先步步敢为人先，社科文献社也自此一直充当着行业转型先锋的角色。

敢于梦想，只是迈向成功的第一步。如何让梦想照进现实，并

不是一件容易的事情。皮书系列的数字化建设反映了社科文献社的魄力，一开始，社里就把最核心的资源拿出来进行数字化尝试，而且在大多数出版社观望之时费时耗力持续不断投入，质疑声乃至反对声绝不在少数，光有梦想和勇气是远远不够的，实践行动必须快速有力。2003年12月，皮书首次开发出版数据库光盘（SSDB），每本皮书均附赠一张电子光盘。这一融合图书出版和电子音像出版的举措，给皮书用户的阅读使用带来极大便利，不仅极大地提高了皮书系列的阅读使用率和品牌关注度，也让皮书数据库开始走上前台走进业界。这之后，以皮书数据库不断完善升级为工作重心的各种数字出版技术平台与产品建设实践，越发清晰地描绘出出版社的数字出版发展蓝图，"梦想终于照进了现实"！

小步快跑，勇于尝试

从今天的眼光来看，建设初期的皮书数据库，多是已有内容资源的简单数字化，无论是产品架构还是用户体验，都还有些稚嫩。但就像谢寿光社长一再提及和强调的，"小步快跑"，快速将工作想法和思路付之于实践，"不怕犯错，勇于试错"，之后再在实践中不断发展完善，于是乎，皮书数据库就在不断的试错与纠错中奋力前行。2007年7月，皮书数据库（个人用户版）正式上线，首次将皮书系列图书全部数字化并提供搜索查询和数字化阅读功能。2009年5月，皮书数据库（机构用户版）正式发布，开始试水机构用户市场。2009年12月，随书附赠的电子光盘变成皮书数据库的阅读卡，意在更多关注皮书用户。2011年3月，全面整合个人用户版和机构用户版的皮书数据库（二期）正式上线，在完善产品建设的同时尝试向学术平台建设方面转型。2014年6月13日，新版皮书数据库发布会召开，标志着以"皮书研创出版、信息发布与知识服务平台"为基本功能定位，旨在将其打造成为解读当今中国与世界发展的智库产品和知识服务平台的新一轮的皮书数据库建设工作告一段落。

皮书数据库的产品建设经历及成功收获，在坚定了出版社深入开展数字出版工作的同时，也在一定程度上奠定了数字出版的发展路线——小步快跑。通过小步快跑，在实践中去进一步形成和完善思路，既避免了业务的"纸上谈兵"，又锻炼了人才队伍，还为开展后续业务提供了借鉴。之后的列国志数据库、张乐天联民村数据库等数据库产品建设均受益于此。2015年，为了紧扣政策和学术热点，社里相继推出的"一带一路"、京津冀协同发展、抗战胜利70周年纪念专题等专题数据库产品，更是大大地缩短了产品建设周期，已从"小步快跑"进入"大步迈进"阶段了，而且跑得越发稳健！

"小步快跑"背后是发展路径的选择。立足专业学术出版，以数据库产品建设为重要抓手，这是社科文献社数字出版工作当下重要的发展思路，也被证明是符合社情的正确选择。在数字化转型之初，除了积极开展"皮书"数据库产品建设外，社科文献社也曾对

236

电子书、E-learning等不同的数字产品形态进行了尝试。"千淘万漉虽辛苦，吹尽狂沙始到金"，在不断尝试之后，出版社终于摸索到了真正适合自身发展的"康庄大道"并义无反顾地走了下去。如今，出版社又走上了寻找数字资源蓝海、探索从产品到产品线再到平台的发展模式的业务尝试之路。

"数字出版的黄埔军校"

近年来，随着各出版机构对于数字化转型工作的重视，数字出版人才的流动也越来越频繁，而一批在社科文献出版社（以下简称社科文献社）成长起来的数字出版人也在业界开始活跃。据不完全统计，目前已有4家出版社的数字出版部门负责人出自社科文献社，还有近10人活跃在各家出版社的信息化与数字出版工作一线。而一些合作过的技术公司，也时常把与社科文献出版社的合作项目当作拓展业务的典型案例。一时间，社科文献社也被同行戏称为"数字出版的黄埔军校"。

"21世纪什么最贵？人才！"传统业务如此，新兴业务更是如此！如何从无到有，培养出一批懂业务的骨干，再打造出一支过硬的队伍，一直是各家出版社开展数字出版业务的头等大事。这些年来，社科文献社为了快速推进数字出版业务，在人才队伍建设下足工夫，可谓"不拘一格降人才"，做好"三个一批"：在出版社内部挖掘人才，从编辑、发行、行政管理各系列中转型一批；从高校的相关院系应届毕业生、部门实习生中招聘一批；从合作的技术公司及业内其他公司引进一批。由于业务本身尚处于摸索尝试阶段，而且处在整个行业都人才稀缺的起步阶段，数字出版人才队伍建设的个中甘苦，诚可谓如鱼饮水冷暖自知。但付出终有回报，时至今日，社科文献社已经建立起一支涵盖内容、技术和营销，近30人规模的数字出版团队，业务能力、专业素质和团队稳定性都已达到相当水平。

当然，怎么去更好地组配人员和业务，既要能引进来，又要培养好，还能留得住，是一个新的数字出版课题。这些年的数字出版实践中，怎么去定位数字出版业务、选择什么样的发展路径，传统出版与数字出版怎么联动发展，诸如此类的问题也同样困扰着社科文献社的转型，并影响着数字化部门的组织架构。数字出版团队也在变化中不断调整，有人坚守，有人离开，也有人离开后再回来。但毫无疑问，社科文献社为大家提供了最初的平台和机会，让他们走向数字出版的宽广大舞台。

三十而立。从1985年到2015年，社科文献社已经走过了30年的发展历程，确立了在中国学术出版界的翘楚地位，"创社科经典，出传世文献"的出版理念和"权威、前沿、原创"的产品定位也赢得学界和社会的广泛认可。在融合发展的大背景下，对于立足五大能力建设（学术资源整合能力、学术产品生产能力、学术产品市场营销能力、数字出版能力、国际出版能力）、旨在打造百年老店的社科文献社来说，数字出版能力建设仍任重而道远。回首过去，展望未来，站在建社30周年的新起点，作为数字出版一分子，机遇与挑战并存，希望和困难同在。借用近年来流行的"致青春"模式，我们要做的就是：回望，总结，再出发！

（作者为社科文献社数字出版部主任）

中国建筑工业出版社：
搭建专业平台，向知识服务转型

原业伟

中国建筑工业出版社（以下简称建工社）作为专业科技出版社，以专业性、学术性的出版内容为主，聚合优质资源，充分发挥建设领域专业出版社的品牌优势，探索适合专业社数字出版的产品形态、服务方式、产品的盈利模式，启动了"中国建筑全媒体资源库与专业信息服务平台"，开展了以"中国建筑出版在线"为品牌的6项在线服务。

建工社自2013年被列为首批数字出版转型示范单位之后，又相继被列为CNONIX国家标准应用示范单位、国家数字复合出版系统工程应用试点单位、专业数字内容资源知识服务模式试点单位。该社的数字化转型、知识服务提供都有着独到之处。

发挥专业优势　提供行业知识

建工社的出版物主要包括建设领域各专业学术专著、应用技术图书、工具书、标准规范、学校专业教材和行业培训教材等，为行业发展和人才培养提供知识服务。建工社社长沈元勤介绍："通过分析国内外数字出版的商业模式，我们意识到，做好专业资源库建设，为行业提供专业服务，是专业出版社未来数字出版的生存之道。"

基于以上分析，建工社制定了数字出版发展规划和工作目标，即：发挥建工社品牌优势，依托建筑行业优质资源，开展建筑专业知识应用与信息服务；从实际出发将传统出版与数字出版相互融合，协调发展，努力打造建筑专业数字出版品牌，为建设行业提供可信的、全面的、最新的和持续的专业知识服务。一是服务于教育培训，二是服务于生产应用，三是服务于科学研究。服务的对象包括机构（建设类院校，培训单位，科研单位，规划、设计、施工等企业），行业从业人员（研究人员、管理人员、设计人员、工程技术人员、建设岗位操作人员等），还有对建筑相关领域感兴趣的普通读者。由于专业领域的受众定位清晰，需求相对固定，产品针对性强，相较于其他领域具备很好的统一性。

2012年，建工社与北大方正电子签署了"中国建筑全媒体资源库与专业信息服务平台"项目合作协议，随后建工社打造了"中国建筑出版在线"这一专业信息服务平台，通过6个在线服务子频道，锁定不同用户群，聚合相关优质内容资源推出数字产品和服务，为行业从业人员提供功能性较强、能解决问题的信息产品。这个平台一方面为使用者提供了全面的信息化环境与支持，另一方面为广大读者提供了一个广泛的交流协作和信息服务平台，对提升出版的产业化规模具有现实意义。2014年，文化产业基金项目"中国建筑全媒体资源库与信息服务平台"完成验收，举行了"中国建筑出版在线"发布会，该项目共获得财政部2 550万元基金支持。随后，该社被国家新闻出版广电总局授予"CNONIX国家标准应用示范单位"。

2014年该平台的主要收入分为两个部分：显性收入主要来源于考试培训视频、网络电子书、面向机构的电子书和数据库、本部门数字产品的销售，2014年实际销售收入为300万元左右。隐性收入主要来源于数字出版物增值服务、教材课件制作和服务，2014年销售收入为1 500万元。该平台注册用户增长很快，2014年底注册用户为38.6万人，目前已经达到了45.8万人，主要是参加建造师考试的人群。建工社利用注册用户的大数据，为这一人群提供精准的微课程服务。数字平台主要通过百度关键字进行推广营销。

该平台的"教育在线"子频道，以教材为基础，书网互动，目标是逐步实现教材多媒体制作、立体化阅读。现阶段，主要通过整合丰富的教育资源，为教材提供多样化的增值服务。其视频课程栏目包括岗位培训、微课程和名师讲堂三个板块，满足不同层次的网络教学需求；教学课件、素材共享、模拟试题等栏目为学校师生提供付费课件购买、免费素材下载和网上答题等服务，并与配套教材链接；教师服务栏目可为合作院校提供院系电子书架、样书申请等增值服务。

"考试培训"子频道开展网络增值服务与在线考试培训服务，丰富了建工社的产品线，为读者提供更多形式的知识服务，进而带动整个在线服务平台读者点击率。其在为读者提供免费的增值服务的基础上，提供了在线视频学习服务、试题服务等延伸服务，给读者带来多终端的立体阅读形式，纸书与网络形成互动效应，让读者真正感到物有所值、物超所值，极大地增强了读者的阅读体验。同时平台上线，通过采取实名注册、图书印制增值码等措施，在一定程度上起到反盗版的效果，提高了正版图书的销量。

　　平台还包括大量建筑设计方法、施工工艺方法、工程案例、标准规范等。"建筑文库"和各专业资源库还包括大量的学术研究成果和工程建设经验总结，为建筑科学研究和建设科技创新提供相关知识检索和服务。

坚持"融合"理念　增强服务意识

　　沈元勤认为："出版转型的关键是传统出版与数字技术的融合。"他进一步分析："在推进数字化转型的过程中，我们始终坚持'融合'这一关键词。'融合'不仅仅是传统出版和以互联网为主要特征的数字技术手段融合，更重要的是和当前出版业务融合，这个融合首先通过实现纸数融合、立体阅读、书网互动、延伸服务来增强传统出版物的竞争力，来实现传统出版物和数字技术的融合。在此基础上促进作者、编辑、用户在创作、呈现和使用观念上的融合；进而在出版企业实现管理机制、组织架构、绩效考核上的融合。只有这样，才能避免在数字化转型过程中出现纸质图书出版与数字出版的探索实践相脱节、数字产品的开发与纸质图书出版流程相分离的问题，为实现最终发展目标奠定坚实的基础。"

"中国建筑全媒体资源库与专业信息服务平台"基于专业性、学术性的优质出版内容资源，聚合包括"中国建筑出版在线"为品牌的6项在线服务：建筑图书在线服务、建筑图库在线服务、考试培训在线服务、标准规范在线服务、教育在线服务、工具书在线服务。该平台推出了多部以U盘介质为载体的数字出版物产品，如"项目经理电子书架""岩土工程经典珍藏电子书"等，并结合网络增值平台，形成了书网互动、延伸服务、互为扩充。针对移动终端推出了建工社"建筑文库"移动学习APP、室内设计师杂志APP、建筑师杂志APP等。通过这些在线服务，为建筑专业人员提供全方位、立体化、多终端、多渠道的信息服务。

下一步，建工社将重点开展以"中国建筑全媒体资源库"为基础的建筑专业系列知识库建设，总体规划是将建筑领域分为13个专业板块，建立13个建筑专业数字资源库。如其中的"建筑施工专业知识资源库与信息服务平台"就由"4库1平台"组成，包括建筑施工工艺工法库、建筑施工可视化资源库、建筑施工管理与技术文件资源库、建筑材料与施工机具设备产品选型库和专业人员在线学习互动平台，将海量资源聚合整理、分类发布，并实现交互服务。建工社规划在2016年搭建面向建筑领域全体从业人员的"建筑专业人员在线学习互动平台和分销平台",建立科学的知识分类体系动态维护机制,开展精细化、知识化的增量数字资源生产,研制企业标准,配置知识资源管理工具,打造多形态、多渠道、多终端发布的建筑立体化数字产品及信息服务模式的架构,让其成为建筑从业人员查阅资料、学习交流的平台以及建筑企业现场技术人员的移动数字图书馆。

"中国建筑出版在线"是建工社坚持建设行业特色,选择适合自身特点的数字产品及服务,探索适合专业社数字出版的产品形态、服务方式、产品的盈利模式,培育建设行业数字出版新品牌的一项重要工程。沈元勤总结说:"我们必须适应这个融合的时代,用新思维、新技术在专业领域里深耕细作,做好新常态下的数字出版,用提高质量推动发展,用科技创新驱动发展,用转型升级深化发展,用科学管理保障发展。我们要充分发挥自身优势,拓展发展领域,延伸网络空间,加快推动传统出版和新兴出版融合发展。"

(作者为《出版商务周报》记者)

人民交通出版社：
致力打造"互联网＋内容＋用户"新业态

余若歆

在这个信息爆炸的时代，出版数字化已然不再是新鲜课题，而拥有独特资源的专业出版社，其数字化转型的成效究竟如何？是否也存在"叫好不叫座"现象？数字化转型的路径何在？作为践行"数字化转型升级"的急先锋，人民交通出版社迎难而上，有效整合互联网资源，在产品、技术与消费需求不断迭代与升级的前提下，打造出了"互联网＋内容＋用户"的新业态，为业界给出了一份参考卷。

专业出版　找准定位求发展

作为专业出版社，其出版的内容具有专业性、独特性，并拥有固定的用户群，但与此同时专业出版相对来说领域较窄、人群较少，市场盘子和潜力不够大。在"互联网＋"时代，如何准确定位，在专业出版"利弊并存"的前提下，再把它的出版特色和优势发挥到极致是专业出版社面临的首要问题。对此，人民交通出版社股份有限公司研发中心主任姜占峰提出了自己的见解。

他首先列举了专业出版的三大优势：第一，专业出版的行业优势明显，进入门槛较高，数字出版工作相对较容易开展；第二，专业出版依托数据库服务用户的盈利模式相对清晰；第三，它可以依托行业垂直化的渠道较快地把产品和信息推送出去。这三大优势分别解决了数字内容资源汇聚难、产品形态和盈利模式不清晰、分销渠道建设难这三大难关。

他还分析了专业出版的发展现状，表示在专业出版的知识服务领域涌现了一批行业内领先的出版社。以人民卫生出版社、中国建筑工业出版社，包括人民交通出版社在内的专业出版社为代表，在专业数据库的建设、专业领域的在线教育业务拓展以及相关的信息与知识服务等方面，已经开发出了若干具有行业特色的数字产品，且取得了不错的经济效益和社会效益。

未来专业出版的真正发展方向，是结合自己的行业优势、行业特色及用户需求，去开展更多个性化、定制化的基于"互联网＋内容＋用户"理念的特色专业知识服务。这三个核心关键词，可以把专业出版每一个细分领域的数字出版产品、平台及服务全部概括起来："互联网"是数据汇聚的平台和服务的渠道，"内容"则是开发专业数据库等数字产品的基本组成部分，"用户"自然就细分出不同专业领域的用户群体。以人民交通出版社正在开发的项目"机动车驾驶网络教育培训平台"为例，就是依托桌面互联网和移动互联网（互联网），面向广大驾驶员用户群体（＋用户），提供机动车驾驶在线教育和培训服务（＋内容）。

数字出版　积极创新求突破

对于数字出版而言，互联网时代的到来，机遇远大于挑战。"跳出数字出版看新媒体，跳出出版看文化产业，跳出文化产业看内容产业"的跨界融合发展思维正在逐渐得到应用。人民交通出版社通过近五年的努力，在思想观念上基本实现了"要我做"到"我要做"的转变，形成了"做什么""怎么做"的实践观念，其"数字出版实践三部曲"也进行到了第三阶段。

据姜占峰介绍，人民交通出版社的数字出版从资源建设的角度经历了三个阶段：第一个阶段是"存量资源数字化"阶段，即将纸质书变为电子书的过程；第二个阶段是"在制资源同步转换"的阶段，即将新书的排版文件及时转换为各种格式的数字内容资源；第三个阶段是"增量资源建设"阶段，即通过自主建设音视频、动画等新型媒体资源开发数字产品，该阶段是目前人民交通出版社的资源建设重点。

该社当前正在如火如荼建设的机动车驾驶培训网络教育平台，按照驾驶培训教学大纲、考试大纲的要求，构建了完整的面向普通机动车驾驶员、道路运输驾驶员、机动车驾驶培训教练员的内容体系。在"互联网＋"思维的引领下，推进"互联网＋驾培"落地，建设开发包含约7 000个知识点、5 000分钟动画、1 500分钟视频和

5 000道试题的多媒体内容体系，并针对智能手机普及化的趋势，面向学员提供基于PC端的驾驶理论教学的平台、基于移动端（手机、PAD）的驾驶理论教学APP产品以及依托家庭电视的驾驶理论教学设备——OTT（机顶盒）等三类主要产品，帮助学员实现除了利用固定时间学习外，可利用任何可上网的碎片时间完成学习的愿望，初步构造了人民交通出版社在机动车驾驶培训领域布局的"互联网＋内容＋用户"的新业态。

姜占峰强调，人民交通出版社在经历了资源建设、数字产品开发、建设行业数字出版平台这"数字出版实践三部曲"后，终极目标是提供面向"大交通＋大教育"领域的"知识服务"。也就是出版社从简单的图书出版中介逐渐转型为信息与内容整合和汇聚、生产和服务的服务商，这样也就从根本上实现了产业转型。

为此，人民交通出版社围绕用户需求，以市场为导向，通过自主开发，结合互联网传播特色，初步形成了专业板块和教育板块两大数字产品板块的产品布局。

在专业板块方面，主要围绕交通专题知识库，先后建设开发了中国交通标准规范全文数据库、交通工具书数据库、交通法规数据库、桥梁工程建设数据库、航海e问e答数据库、自驾游数据库等面向行业从业人员的专业数据库。

在教育板块方面，主要围绕用户学习、培训需求，开发建设了交通运输科技人才数字化学习平台、机动车驾驶培训网络课程、注考网等数字出版平台。

近年来，整个出版业在数字化转型过程中进行了有益的尝试，也建设了许多项目，有的小有所成，有的浅尝辄止，但真正实现规模盈利的为数不多。人民交通出版社积极把握文化产业政策支持的历史机遇，2015年前就规范完成了多个财政项目的建设，并顺利通过了专家验收，在数字资源建设、数字产品开发和平台运营方面，积累了宝贵经验。

在谈及该社数字出版的投入与产出比时，姜占峰毫不讳言："距离理想目标差距还很远，真正既叫好又卖座的产品不多，数字出版成长为出版社的主要盈利来源任重道远。"虽然如此，人民交通出版社领导班子仍然坚定信心，继续扶持和培育数字出版新业务，2015—2017年自主投入到数字出版的"真金白银"将会超过5 000万元，以确保在数字产品开发和营销上持续投入。他说："数字出版收入仍然很低，这是我们目前的不足，但也正是我们前进和努力的动力。"

转型遇困境　艰难中前行

传统出版向数字出版的转型过程是一个长期且不断摸索的过程，经过近几年的探索式发展，出版业的数字出版不论是在规模还是布局上都取得了明显的进步，但毋庸讳言的是，行业通病长期存在并阻碍不断。如何在艰难中从容应对，尽可能让后来者不再重复前人走过的弯路，姜占峰分享了自己的宝贵经验。

第一，针对资金短缺的问题。要想方设法"借力"，既要借力近几年国家财政资金支持文化产业发展的有利政策，企业自身也要敢于投入。

第二，针对认识上还不完全到位的问题。必须认识到：实现从传统出版到数字出版的转型是当下出版人必须承担和完成的历史使命，要把数字出版提高到关系出版社未来生死存亡的高度来看待，对数字出版要秉持一种培育和扶持的态度。

第三，针对数字出版人才匮乏的问题。要树立"主动培养数字出版人才"意识，争取将更多的传统编辑培养成为数字出版所需复合型人才，要制定具有竞争力的薪酬制度和绩效考核制度保障体系。自2009年成立数字出版部至今，人民交通出版社从事数字出版的人员从最初的2人到如今逾50人的庞大队伍，虽已初步形成了一支复合型的人才队伍，但动画设计、教学设计、用户体验分析和互联网宣传推广等专业的新型人才仍然极度匮乏。

第四，针对体制机制不适应数字出版发展需求的问题。要鼓励各部门在发展数字出版过程中边建设、边规范、边发展；积极创造各种鼓励编辑部门敢于探索创新的环境，努力建立正确的奖励和评价机制；鼓励社内竞争，鼓励创新，容忍失败，初步建立起较宽松的试错和容错、纠错机制。

在被问到从事了十余年数字出版事业的心得体会时，姜占峰由衷地说道："苦心人天不负，做数字出版首先要有一种忍辱负重的决心和视死如归的情怀。我把自己在数字出版路上的犹豫、彷徨、经验、教训与同行分享交流，也会竭尽所能帮助与我一样正艰难行走在数字出版创业路上的兄弟姐妹们，希望一些后来者可以少走一些弯路，更快地成长，走入现代出版舞台的中央。"

传统媒体与新兴媒体的融合发展，决不是一蹴而就的事。要建立一种全新的互联网思维，运用先进的数字化和信息技术，创新发展思路，创新体制机制，创新服务模式，打造一个与传统媒体互通共融的数字化发展新环境。在此方面，人民交通出版社的"互联网＋内容＋用户"新业态无疑为业界提供了先行者的有力典范。

（作者为《出版商务周报》记者）

法律出版社：建设全能专业的数字服务平台

张君成

　　法律出版社（简称法律社）是新中国第四家出版社。作为中国最权威的法律专业出版商和法律信息提供商，法律社在传统出版领域成绩斐然，其在法律类图书市场综合占有率排名第一，在全国社科类出版社排名中名列前茅，2015年中国图书世界馆藏影响力评估法学专业排名第一位、综合排名第四位，2015年国内出版社中文学术图书综合影响力法学专业排名第一位。同时它在数字出版领域也取得了优异成绩，推出了许多有影响力的数字产品，并在2015年被评为全国首批专业数字内容资源知识服务模式试点单位。法律社数字出版部副主任周洋认为取得成绩的背后，是法律社对自身的精准定位以及对资源的有效配置。

灵活的运营机制与优质的内容是关键

　　提到法律社的数字出版就不能绕开北京法讯网络技术有限公司。这家以企业上市为战略目标，以股权合作方式引进香港资金1 000万元，采取董事会管理方式，实行目标责任管理激励约束机制的公司，为法律社的数字出版建设铺平了道路。"法律社采用高科技创业企业的经营理念和发展模式，走出了一条成立合资公司实现数字化转型的特色道路。"周洋表示。

成立法讯公司之后，法律社的数字出版产品都是在此平台进行运作，其优势是显而易见的。"首先是资金有了保障，其次是这种管理机制更加灵活，更符合互联网时代的发展要求。"同时也和法律社领导班子一直强调的"两种业态、两个市场"方针密切相关，"毕竟互联网企业做起数字出版更得心应手一些"。

不过，周洋认为相对完整的产品和服务体系也是法律社数字出版成功的关键之一。"法律社建社以来，逐步形成了相对完整的法律信息产品、服务体系，主要产品包括法律法规、法学教材、学术专著、法律实务、案例、法律词典、司法考试等，出版形式包含图书、活页、刊物、音像制品、电子出版物及网络产品等多种形态。法律社是中国政法院校师生、法律研究机构、法律从业者汲取法律知识、查询法律信息的首选。"

谈到法律社，就不得不提到其运营渠道与人才资源配置。法律社采用灵活的"分社＋独立策划部"模式，这样发挥各分社的专业优势，又满足了不同需求的客户。其中典型例子便是法律出版社控股成立的中国法律图书有限公司，在图书市场赢得了"买法律书，找中法图"的良好口碑。在优质内容的基础上，法律社逐步开创了由微信营销、微博营销、网站营销、代理商、直销团队构成的立体化的运营和营销体系，极大地扩展了客户渠道。其稳定客户包括：国家图书馆及各类图书馆150多家；华东政法大学等全国所有法学科研院校和院系；各级人民法院、检察院等企事业单位团体客户3 000余家；律师、法官和高校师生等个人会员11.2万人。这些客户是法律社数字出版产品开发和运营的重要基础和前提。

在人才资源配置方面，法律社已形成由内容、技术、销售、管理四类人才组成的30人的数字出版团队，招揽北京大学、清华大学等重点高校毕业的法律专业和计算机专业人才，组成数字出版部、法讯公司及相关内容部门、技术部门、销售部门和职能部门。团队实现了年度盈利持续快速增长的目标，该团队可年产电子图书1 500余种，可出版网络出版物200种以上，可签订单笔金额超百万元的产品订单，可承担大型国家项目的申报与实施工作。他们已经成功积累了内容研发、技术创新和市场营销的丰富经验。

周洋介绍，当前法律社建立起了包含数字图书馆、手机阅读、网络出版、法律数据库、终端阅读在内的完整产品体系，其主要数字产品包括中国法律数据中心、中国法律英文服务支持系统、法文化资源融合平台、手机律师等。

这其中最突出的当属法律出版社数字图书馆，这一产品充分发挥了数字出版的资源聚合优势，汇集了法律社近十年以来，主要是近六年来的8 000多种法律图书，总计字数达18亿之多，涵盖了法律出版的各个方面和领域。目前，法官电子图书馆在全国已经拥有近

400家机构用户，包括政法机关、高校、企业、律师所等。手机阅读收入CP（内容和应用服务提供商）排名在出版社中位列第10。法律数据库已拥有70万条数据、20亿字的规模，法律数据库截至2015年上半年，包含已发布资源81.75万条，未发布资源13.61万条，合计95.36万条。

在合理规划与众多拳头产品的支撑下，法律社数字出版成绩斐然。其数字出版2011年实现350万元营业收入，2012年实现500万元营业收入，2013年实现650万元营业收入，后续也保持着稳定、快速的增长态势。

随着法律社数字出版的盘子越做越大，内部也有意识地对整个流程进行了统一规划。2015年法律社专门成立了数字出版部，具体负责数字出版和知识服务发展规划的制定实施、社内外内容资源的发现与聚合、国家和企业数字出版项目的管理，"这样更高效，也有利于后续平台的构建"。

抓住机遇　探索适合自己的发展模式

周洋坦言，法律社在数字出版方面的确是占据优势："与其他出版机构相比较，法律社所面向服务的专业读者可以说具有平均年龄较低、学历水平和互联网普及程度较高等显著特征。同时，这些专业读者对于普通读者来说也具有较大的引导力。因此，相对于其他数字出版领域，法律数字出版天然具有相对成熟的目标市场和客户。"不过周洋认为，如果法律社没有抓住难得的历史机遇期，及时建立法律数字出版内容、技术、渠道和标准体系，再好的条件也是枉然。

据周洋介绍，在数字出版上，法律社经过认真调研，最终确定了适合自己的发展模式。"再好的经验，也不一定适合自己，还是要量体裁衣。"法律社按照整体布局、抓住重点、分步实施、量力而为的原则，探索出了符合自身发展和数字出版规律的产品与服务研发模式：

以用户需求为导向

通过用户调研，考察现有数据库和移动客户端产品，调查法律职业群体知识和工作方式需求，发现用户的核心需求和尚可挖掘的潜在需求，研发符合法律专业和大众服务需求的数字出版、知识管理及知识服务解决方案。

整体布局，抓住重点

以用户需求为中心，将目前多个国家项目和企业项目作为一个整体，通盘考虑用户的内容和技术需求，先要求自己充分考虑一切可能的解决方案，再要求技术企业逐项评估各种方案的技术可行性、开发及运营成本，最终确定内容和技术需求方向、清单及路线图。

分步实施，量力而为

在整体布局、抓住重点的基础上，做到"成熟一个，实现一个，环环相扣，步步为营"。在充分考虑内容资源和技术能力的基础上，优先开发用户现实需要的核心功能，重点突破用户未来需要的潜在功能，做到内容资源与产品和服务功能相匹配，产品和服务功能与技术能力相匹配。

标准先行，资源整合

为充分保障各平台技术和资源的兼容性，法律社较早制定了符合企业数字出版和知识服务发展阶段需求的企业标准，积极参加专业内容资源知识服务模式试点工作标准（一期）研制工作，作为起草小组专家成员参与通用标准的研制工作，目前相关通用标准和企业标准的起草和修改工作正在全面开展。

未来发展　由产品构建转向平台运营

随着移动互联网技术的产生和发展，一种更具挑战性的客户和市场需求日渐成熟，即通过相对单一的移动互联网平台提供信息发布、搜索、交易、社交、数据分析乃至互联网金融等的整体性解决方案。对此，法律社也敏锐地意识到了这一点："当前法律社考虑最多的是更好地服务客户与读者，因此仅仅提供产品是远远不够的，我们应充分利用外部机遇和自身优势，在内容、技术、资金、团队等多个领域加速数字出版的观念更新和业态转型。致力构建内容丰富的中国法律数据中心知识库和运营平台，为政府、公司企业、律师、公证员、法律援助机构、教育科研机构、社会团体、各类图书馆和社会大众提供基于法律大数据的全方位知识解决方案。"

对于未来,周洋表示法律社会着力打造集专业资讯门户、专业搜索引擎、专业数据库、专业移动互联网服务、专业云服务和专业社区于一身的行业级数字内容运营平台。"无论是在国家的立法、司法和行政层面,还是在具体的公共和专业法律服务层面,任何机构或者企业都无法全方位满足社会公众、企事业单位和政府的法律知识服务需求。在此背景下,一个法律专业领域行业级数字内容运营平台十分必要。"

对于这个平台的前景,周洋很有信心。"随着我国'走出去''一带一路'等国家战略的逐步实施,无论是在政府层面还是在企业层面,对于跨国、跨领域、跨行业的法律专业知识和信息需求正在急剧增长。与此同时,我国对于相关国家和地区的经济、政治、法律、科技、文化、教育和基础设施等基本知识和信息的掌握则相对欠缺,需要一个发现、获取、聚合、处理、分析和分享这些基本知识、信息的技术和平台。目前,由于内容、资金、技术等方面的原因,我国尚缺少这样一种专业聚合型知识服务平台。这个平台建成之后,将会充分聚合现有的、尚较分散的知识服务资源和平台,满足政府、企业和公众的专业知识服务需求。"

（作者为《出版商务周报》记者）

北京语言大学出版社：
理念先行，实现数字出版迭代发展

赵　冰

　　北京语言大学出版社（以下简称北语社）是中国唯一的汉语教学与研究专业出版社。多年来，北语社确定了"创新理念，转变特色，战略先行，整体布局，坚持特色，层次分明"的数字化转型升级路径，获选首批全国数字出版转型示范单位。2014年，北语社数字出版收入比2013年增长约11%，2015年上半年，全球汉语教学文化资源平台二期已开发完成。

四大数字出版理念

　　北语社数字产品大多面向国际市场，是真正外向型的数字出版单位。在第22届北京国际图书博览会的中阿数字出版交流会上，北语社董事长兼总编辑张健详细介绍了北语社数字出版转型的探索实践情况。她提出，构建数字教育出版的价值链、构建专业出版社数字出版可持续发展之路，要把握教育数字出版的本质，让汉语容易学、让汉语好教、让中国故事乐读。

　　第一，由出版单本教材转向构建数字系统。北语社的教育数字出版将知识碎片化为知识点，为汉语教学提供一套完整的教学系统。张健介绍："北语社的定位不仅仅局限于出版教材，而是提供理念，打造品牌。我们提供范本教案和教学模式，使老师的教学有基本保障。"第二，由内容提供商向信息服务商转变。在数字出版时代，出版社需要细分市场，以用户为导向，对内容进行多层次、多模态、多介质、多维度的开发，对内容进行扩展、延伸开发，满足用户个性化需求，深度参与市场，增强市场运营的主动性。第三，流通方式由实物销售转向网络下载。突破时间和地域的限制，通过线上付费方式，在线获取内容资源和服务。第四，由内容核心向用户核心转变。张健提出："北语社构建的数字平台会归纳分析用户行为，以此指导、修正后续的平台开发建设。"

七大重点产品线

在全新数字出版理念的引导下，在数字出版战略规划的框架下，立足中长期的战略需要，北语社以汉语国际推广和中华文化国际传播为根本方向，主要围绕汉语学习和教学类、外向型文化类等两方面内容进行了特色化、全媒体、品牌化的数字产品开发和数字资源库（平台）的建设。

张健介绍，在北语社的数字出版发展过程中，形成了七条主要产品线：移动媒体产品、工具类软件和数据库、网络电子书、多媒体产品、以HSK和MHK为品牌的在线学习与评测系统、MPR出版物和点读产品、音视频产品等。

其中，在线学习与测评系统包含语言学习课程，如使用最广泛的《新实用汉语课本》，教材1～4册在线课程已全部上线，系统还包含网络在线微课程，通过该课程体系，老师可以管理班级。北语社的资源平台自2014年上线以来，注册会员已覆盖270多个国家和地区，会员可通过电子商务用VISA或MASTER卡购买汉语教材、在线学习。

北语社在MPR建设上也取得了不俗的成绩。北语社给汉语教材、汉语读物和中国文化读物等都配备了MPR点读技术，并将该技术引入国际市场。2015年3月，北语社获选"MPR国家标准应用示范单位"。

与同类型的出版社相比，北语社在相关理论研究领域具有权威性、部分专有性和资源集中的优势，工具类软件和数据库的建设将这样的优势发挥得更加透彻。张健介绍说："未来希望对外汉语教学理论研究人员可以在我们的知识库中找到需要的资源，而我们也能够最大限度地提供专业服务。"

张健表示，北语社将会继续采用迭代开发的模式推进数字出版工作，最大化地保证平台建设和完善的进度，及时与最新的功能技术发展相结合。2015年上半年，中国文化微课程和汉语学习网络课程体系正式上线。

三个关键因素

当前专业出版社的数字化转型水平和质量参差不齐，结合北语社的心得和经验，张健谈了自己对于专业出版社发展数字出版的看法。第一，数字化转型最根本的是理念的突破和转变，"作为专业出版社，总体来说是有内容优势，但各出版社也要具体分析自己的特色和资源优势"。第二，"在明确了理念的前提下，要考虑清楚商业模式和盈利点"，张健认为。北语社的平台和数字产品，通常是与纸质产品的用户捆绑在一起的，数字出版也是有的放矢。第三，数字化转型是整个出版流程的数字化。张健提出，做好数字出版的一个关键因素就是要做到"全社一盘棋"。在北语社，每一个项目和产品，都由内容编辑和数字编辑构成项目组，全社上下按照同一个数字出版战略规划共同努力。

（作者为《出版商务周报》记者）

知识产权出版社：打造全产业链知识服务体系

原业伟

知识产权出版社原名专利文献出版社，由国家知识产权局主管、主办，成立于1980年8月，注册资本30 410万元。建社30多年来，该社大力发展数字出版，积极拓展知识产权全领域服务，努力实现从"专利信息提供商"向"知识产权全领域集成服务商"的战略跨越，致力于成为中国知识产权服务业的引领者和现代出版方式变革的探索者。

2015年7月16日，第六届中国数字出版博览会2014—2015年度数字出版推介活动评选结果揭晓，知识产权出版社有限责任公司董事长诸敏刚荣获数字出版影响力人物。诸敏刚认为，这份荣誉并非授给个人，而是整个知识产权出版社。诸敏刚介绍："知识产权出版社是一家复合出版单位，传统出版、数字出版、全产业链知识服务，每一个环节都有相应优势，多种经营，多头共进。"该社的数字出版规模、收入，在全国出版社中遥遥领先。该社的数字发展战略是："以数据为基础，以多平台产品为支撑，打造知识产权全产业链知识服务体系。"

按需印刷 打造"来出书"平台

自助出版和按需印刷，是知识产权出版社的重要特色服务。该社建立之初，主要任务是为国家知识产权局印刷专利公报及专利证书。随着数字出版的发展，光盘和网络出版的出现，如果还用大印刷方式印刷专利证书，成本就会明显增加。2004年，该社引进了数字印刷机印刷专利文献，率先在国内开展了按需出版。

在按需印刷专利文献之余，该社发现在图书领域，一直存在按需出版的需求，决定向社会开放按需印刷。2014年3月，该社创办的图书自助出版平台"来出书"上线，作者可以全程参与编审、校对、封面设计，平台为服务对象提供了参与出版最优化、最透明的方式。短时间内，该平台已经集聚10余万的用户，上线第一年就带来几百万元的收入，帮助上千人实现了出版梦想，成为全国首屈一指的自助出版平台。2014年，"来出书"获得了北京市文创基金奖励。

诸敏刚认为："按需印刷的发展，与社会的接受能力和出版社的制作能力有关。未来还会有更大突破。""来出书"平台成功之后，该社将其与后端的"按需印刷平台"组成"全流程数字出版平台"，2015年5月，诞生了第一部全流程数字出版的图书。平台运行初期阶段，全流程数字出版更复杂，难度更大，投入时间、精力更多。但诸敏刚认为："全流程数字出版是出版的发展趋势。如果所有的图书都进入数字化流程，今后对图书的资源利用就非常便捷，可以通过移动终端方便查阅资源。后端销售只要有数字印刷机，输入书号、书名，就可以打印实体书。这将是数字出版的革命。"

谈到数字出版未来面临的困难，诸敏刚分析主要有："原创图书的编辑、作者还没有建立数字出版的意识。随着新兴技术发展，小说等文艺作品步入数字化，但专业图书有大量图片、表格，软件技术还不成熟，这是数字出版的瓶颈。作者学习新技术的动力不足，编辑也有畏难情绪。由于人员不积极，推行也就有困难。"如何克服这些困难呢？诸敏刚提出："要从源头上，让作者感到数字出版是将来的发展趋势以及可带来巨大的便捷性。只有这样，他们才会主动使用数字出版平台。此外，还需要大力宣传，让各个领域的作者都有数字出版的愿望。"

以数据资源为基础　打造服务体系

知识产权出版社拥有国家知识产权局专利信息加工资源，这是其他出版机构难以企及的优势。该社旗下除了"来出书"平台，还有"CNIPR专利信息服务平台""知了网""智慧医药网""I译＋智能翻译平台"等多个数字出版专业平台。大型企业、中介服务机构、数据资源运营商都是该社的用户。该社数据资源完整，深加工能力强。截至2014年12月底，知识产权出版社共收集和整理101个国家或地区的专利和非专利数据85种，数据总容量达到171T，数据数量超过2.1亿条。

知识产权出版社具备强大的技术研发能力、数据库开发能力、网络平台建设能力和丰富的平台运营经验，这是从事数字出版的优势。该社现有员工近1 000人，技术人才就有300多名，研发、运营了数十个平台产品。该社是国家专业数字内容资源知识服务模式试点单位，并担任"知识关联通用规则"标准制定的组长单位；是国家数字复合出版系统工程分包应用试点单位，并承担第27包"全文相似性分析系统"的组长单位。同时，知识产权出版社拥有许多自主知识产权的专有技术和软件，包括：面向数字出版的机器翻译技术；全文检索、语义检索、相似性检索、跨语言检索技术；断版图书电子化和印前处理系统；高分辨率照相扫描和图像处理技术用于残损古旧图书数字化；多核心OCR识别数字化加工生产流水线，用于高效率完成历史图书资源电子化工作任务。这些自主技术带来了可观的市场收入，仅机器翻译技术一项，每年带来的收入就超1 000万元。

该社的"创客IP平台"是原创知识认证综合性平台，于2015年4月26日上线，是为企业或个人提供证据形成和可被采信的原创证据保护、服务的第三方平台。"创客IP平台"帮助创作者记录创作全过程，通过"身份认证＋动态密码认证＋时间戳认证＋CA认证"，提供认证取证服务；借助非专利防御性公开，为用户规避专利潜在威胁提供成本更加低廉、效率更高的手段。其目的是逐步建成国内权威、公正且最具规模的原创认证、保护及交易平台。该平台将相似性比对功能绑定在数字化系统中，作者想知道是否有人侵犯自己的著作权，可以在该平台比对，根据比对重合的比例，作为司法证据。

数字出版平台"走出去"，也是实现盈利的重要途径之一。该社CNIPR专利信息服务平台囊括全球101个国家、地区和组织的专利数据，集专利搜索、分析、预警、信息管理和机器翻译等功能于一身，以最便捷的方式，将发明创造向全世界公告。"走出去"战略为该社每年带来2 000余万元收入，其中机器翻译技术发挥了重要作用。我国的发明专利大多数以中文撰写，虽然部分已经译为英文，但很多发明专利的说明书仍未翻译。2003年欧洲专利局来华考察，认为该社机器翻译技术准确率高，于是引进欧洲，按年支付使用费。欧洲专利局下属各国专利局，使用该平台还会重新授权，另支付费用。

"互联网＋"是今年热词。诸敏刚认为："我社正是践行'互联网＋'理念，为'互联网＋'提供了硬件支持和平台支撑。"在互联网时代浪潮下，知识产权出版社数字化出版不只局限于图书出版的主业，更投入全力构建了立足专业、多元经营的知识产权领域全产业链综合服务体系。

（作者为《出版商务周报》记者）

268

山东科技出版社：
全媒体互动打造孕产育儿类产品线

刘鹿涛

如今，对都市年轻妈妈或准妈妈来说，《妈妈宝宝》和《孕味》已经耳熟能详，甚至是她们枕边的必读杂志。《妈妈宝宝》创刊三年就实现了盈利；《孕味》一经推出，发行量在两年内翻了五番，被誉为"中国孕妇第一刊"。山东科技出版社（以下简称山东科技社）依靠《妈妈宝宝》和《孕味》的品牌影响力，通过全媒体运营打造层次分明、结构清晰的孕产育儿类产品线，获得了业界和读者的广泛赞誉。

奠基：细分市场打造品牌期刊群

2002年，《妈妈宝宝》创刊。当时国内母婴类期刊市场几乎是一片空白，只有极少数的同类刊物在市场上流通。母婴类期刊在当时属于比较小众化的范畴，在期刊界并未受到关注，读者群也尚未形成。大多数有这方面需求的读者依旧把图书作为获取信息的主要途径。

山东科技社社长陈刚在接受采访时表示，市场空白的背后隐藏着鲜为人知的机遇。伴随着20世纪70年代末80年代初的"婴儿潮"

人群步入适婚年龄，母婴市场开始成为中国新兴的消费增长点，这为母婴类杂志的发展提供了巨大的市场空间。山东科技社迅速抓住这一契机，在打造《妈妈宝宝》这一期刊时，一方面引进国际上最新的育儿观念；另一方面以国内数百位妇产科、儿科专家顾问做后盾，确保内容的权威性，并不断增强本土化程度。

正是期刊优质内容的不可替代性，使得《妈妈宝宝》赢得了读者的认可，在母婴类期刊市场上站稳了脚跟，形成了一定的品牌忠诚度，广告收入每年也以50％的高速度递增，创造了期刊界"第一年投入、第二年持平、第三年盈利"的奇迹。

2006年，《妈妈宝宝》将孕妇类内容剥离，独立成刊，成功创办了《妈妈宝宝》的下半月版《孕味》。这是因为随着《妈妈宝宝》在市场上大热之后，内容同质化竞争不断加剧，孕产育儿类期刊市场也渐渐走向饱和。山东科技社敏锐地意识到这一问题，市场细分被作为内容同质化竞争的解决手段提上日程，《孕味》正是在这样的市场大背景下横空出世。《孕味》在母婴期刊界首次将读者定位于孕妇，这是行业内具有里程碑意义的一次市场细分。凭借定位的先发优势、准确的市场切入点、优质的内容资源聚合、时尚专业的文本表达，《孕味》迅速在母婴类期刊中崭露头角。

《妈妈宝宝》和《孕味》这两种期刊在选题定位和市场定位上各具特色、相辅相成。前者侧重向新手妈妈传递宝宝0~4岁的养育知识，部分涉及孕妇生产前后的知识；后者的内容侧重备孕期、孕期早中晚三个阶段和分娩期的知识内容。在目标市场的细分上，侧重把孕期和育儿期相对分离，从孕期开始引导读者，增强用户黏性，逐渐延伸到育儿期。

这一次市场细分意义重大，也收到了可观回报。2008年，《孕味》发行量比创刊时增长了将近5倍，广告业绩增长4倍，跃居孕妇类杂志全国第一，并实现了"第一年投入、第二年盈利"的经营目标。与此同时，根据国内权威报刊市场监测机构——北京新生代市场调查机构最新数据，《妈妈宝宝》《孕味》两刊荣登全国母婴类杂志平均阅读率第一、读者满意率第一。

2012年，通过与法国巴亚集团属下3家获奖杂志的合作，《宝贝盒子BOX》创刊上市。这是随着《妈妈宝宝》和《孕味》品牌影响力的不断拓展，再次将优势产业链向下延伸的成果。山东科技社借助优秀成熟的编辑、发行、广告和市场开发团队，使该刊一经问世便引发强烈反响，在短短一年的时间内发行量翻了三番，达到每期4万册，被200多家早教机构、数百家幼儿园作为准教材使用，得到了幼儿园老师和家长的高度认可。

延伸：多角度构建图书产品线

2006年，山东科技社陆续出版了一系列孕产育儿类图书，开始了构建孕产育儿类产品线的探索和实践。随着《妈妈宝宝》和《孕味》市场表现的持续走高，其品牌影响力也开始逐渐显现。专业作者资源和优质内容资源的不断聚合、线上线下发行渠道的不断完善、品牌形象在读者心中的不断稳固为这一举动奠定了良好的基础。

随着山东科技社内部图书版块和产品线的调整，生活类图书的重点逐渐向孕产育儿领域倾斜，孕产育儿类图书成为山东科技社的重点大众图书板块。《怀孕圣经》是山东科技社在孕产育儿类图书市场上的经典之作，十年来常销不衰，多年积累的良好口碑给读者留下了专业、系统、全面的印象。近几年来，山东科技社以此作为骨干产品进行衍生开发，打造了"经典孕育文库系列""好爸妈胜过好医生系列""好爸妈胜过好营养师系列""金宝贝亲子益智游戏系列"图书等产品线，主要针对广大新手父母，旨在为新手父母打造全面的孕产服务。

山东科技社充分利用杂志作者和专家团队积累的优势内容，策划出版多种畅销图书，发挥编辑和广告人员优势，为广告客户策划出版大量定制图书，获益巨大。

在被问及山东科技社孕产育儿类图书的核心竞争力时，陈刚强调，图书内容的专业性和专业作者团队是核心竞争力所在。山东科技社在彩色孕育图书领域开发得较早，十几年来积累的每一本图书都具有很强的阅读性；《妈妈宝宝》杂志品牌的树立，为孕产育儿类图书提供了推广平台和专业资源。

与此同时，在孕产育儿类图书产品线的构建上，从全面、系统的全百科图书，到以具体育儿、教养某一角度着手的细节选题，山东科技社都有涉及。最终山东科技社在市场上的影响力充分凝聚，形成了骨干产品群及与各个骨干产品相关的产品线，成就了出版社的整体产品平台。

拓展：全媒体互动锻造品牌影响力

当孕产育儿类期刊和图书在市场上均有所斩获时，山东科技社开始将孕产育儿类的品牌影响力向其他媒体形式延伸。随着期刊在市场表现上日益突出，面对新技术带来的挑战，这是延展并挖掘品牌核心竞争力的不二选择。

2011年，山东科技社确定了以育儿手机报、图书应用程序开发和数据库建设为重点的数字出版发展方向，陆续建立了1000多万字的育儿手机报内容数据库，开发了《妈妈宝宝手机报》个性化定制版、中国移动全国版、山东联通版、上海电信版等不同版本。2012年6月，个性化定制版在山东移动数据网实现收费运营；2012年9月，成功登陆中国移动集团手机报"8000平台"。目前，《妈妈宝宝手机报》各个版本均已实现收费运营。

2013年，与《妈妈宝宝》创刊同时上线的妈宝网重新改版升级，获得了广大用户的良好反馈。功能强大的妈宝网成为能与纸媒良性互动并持续产生效益的新媒体：通过将杂志封面明星的拍摄花絮在网上发布，实现了与纸媒的良性互动；通过制作视频节目为网站积聚了大量用户；通过与PPTV等大型视频网站的合作不断增加广告收益；广告传媒分公司为网站注册用户提供的超值注册礼品，在增加注册用户数量的同时，也进一步提升了网站的营销能力。

与此同时，山东科技社发挥数字传媒分公司技术开发团队的优势，推出了《妈妈宝宝》杂志的iPad版、安卓版，设计开发了手机wap网站，满足了各类用户的需求，提升了杂志的品牌影响力和知名度。与各大卫视合作的亲子类栏目制作播出，社会反响良好，如与山东卫视合作的《辣妈驾到》、与青海卫视合作的《老爸老妈看我的》等，进一步提升了品牌形象。

在微博、微信等新媒体形式备受青睐的当下，山东科技社注重发挥自媒体营销的独特优势，第一时间注册开通妈妈宝宝官方微博、《妈妈宝宝手机报》官方微博、妈妈宝宝全媒体微信公众服务平台等新媒体。通过及时发布、分享相关孕育知识、趣闻信息等，使得读者队伍逐步壮大。

随着当今新技术的发展，读者阅读兴趣和阅读习惯发生了变化，期刊内容延伸发展已经不仅仅局限于图书领域，还包括多媒体、互联网、影视、动漫等多种领域，真正形成以品牌期刊为主的传媒产业。相对而言，新媒体是持续长线产品，期刊是长线产品，图书是短线产品。全媒体互动只有做到期刊、图书、互联网，甚至影视、动漫等多种领域的深入发展，才是长远之计。

构建立体化的育儿传媒平台，做母婴行业优质资源的整合者，不断打造品牌的核心价值与竞争力是山东科技社打造孕产育儿类产品线的重要目标。"在不同的平台上，制作不同的产品，不论它是杂志、图书、网站还是APP。杂志本身也许更像一个品牌符号，它代表的是一种品质、一种专业精神。作为杂志，我们需要延续使受众保持持续信赖感与新鲜感的DNA，并将其移植到其他传播方式中。"陈刚如是说。

（作者为《出版商务周报》实习记者）

中华书局：古籍数字化的"老大"怎样做？

马雪芳

　　"中华经典古籍库"是中华书局首次推出的大型古籍数据库产品，也是中华书局版点校本古籍的首度数字化，是迄今为止唯一可供征引的数字善本。

　　该产品从2003年筹备，前期已投入数千万元资金，后期仍旧需要大量人力、物力扩充及优化。说到为什么选择这样的庞大项目，中华书局总编辑顾青表示，中华典籍是宝贵财富，而中华书局作为古籍出版界的"老字号"，有责任把优秀典籍整理出来并传承下去。中华书局作为古籍整理的专业出版社，积累了大量资源和经验，具备整理大型古典文献的"软实力"。在数字出版大背景下，中华书局也积极寻求转型，发展专业大型数据库是开展数字出版的突破口，将有力推动产品数字化转型。中华书局在2014年6月"中华经典古籍库"（局域网版）的基础上，优化升级数据库，于2015年8月依托"易阅通数字平台"，将"中华经典古籍库"（在线版）推向了全球市场。中华书局为此专门组建了古联（北京）数字传媒科技有限公司，进行中华古籍整理出版资源平台的研发，以及线上古籍库的升级和维护推广。

厚积而薄发

"中华经典古籍库"的市场化迟到了整整13个年头，这期间中华书局所做的准备和研究工作主要有解决标准的问题、解决版权和资源质量的问题等。

首先，解决标准的问题，中华书局花了十几年。相对于直接扫描古籍文本，呈现原始影像，"中华经典古籍库"属于更先进的古籍数字化检索。此次在线版古籍库推出了别具特色的检索功能，如图文对照功能、自动生成引用格式的功能、人名异称关联检索功能以及专名库等。而这背后有着难以想象的艰辛，顾青说，有字的标准、词的标准、技术上的标准等问题。要解决古今字体之间"一对多，多对一"的问题，建立相关的字库，避免电脑误读；在古今词汇的问题上，主要解决历史遗留问题，比如词意的扩大、词意的缩小、词意的转移等，中华书局制定了相应的主题词表；技术上的标准，主要将古籍整理的标准与古籍数字化的标准相结合。

其次是质量和版权的问题。顾青表示，中华书局要保证数据库内版本的质量，权威、质量上乘的著作将是首选。另外，中华书局在进行了前期采集、后期加工之后，又进一步通过数据转化工具进行了错误排查，严把质量关，争取为大众提供可靠、精确、可直接引用的数据资源。而且，要合法地使用资源，中华书局尊重作者、尊重读者、尊重出版社，力争做到合理合法使用资源，同时也呼吁整个社会支持正版。

任重而道远

"中华经典古籍库"有广阔的市场前景，目前主要跟机构合作，全国高等院校、图书馆、博物馆，以及专业研究机构、新闻出版机构、政府机构等，数以千计，这些都将有成为古籍数字化产品的使用者的潜力。还有数量庞大的海外用户与个人用户。顾青表示，今后的工作任重而道远。具体表现在三个方面：一是在保证质量的基础上海量扩充资源，二是解决法律问题，三是提供更精准的服务。

在扩充资源方面，中华书局计划每年推出一辑数据包，并在全国范围内进行优质资源的整合，"希望通过五年时间能完成30亿字的基本目标"。与此同时，中华书局正在开发基于移动互联网的面对大众服务的客户端及APP，在解决法律问题方面，中华书局力争做到合理合法地使用资源，做到尊重读者、尊重作者、尊重出版社、尊重中国优秀的古典文化，为打击盗版支持正版的工作做出表率。在提供更加精准的服务方面，"中华经典古籍库"最大化地方便了读者，推出了一系列特色辅助功能。顾青表示："我们需要产品不断地快速迭代，不断地开发一些新的功能，同时，一些小型知识库也将陆续实现产品化，以期满足不同用户的需求，向着‘质量越来越好，服务越来越精准，越来越符合学界的需求’的方向努力。"

（作者为《出版商务周报》实习记者）

宁波出版社：古籍数字出版平台的可行性研究
——"天一阁藏古籍珍本数字工程"的构想与探索

吴　波

中国是世界上唯一有持续不间断文献记载的文明古国，中华古籍是中华民族的珍贵文化遗产，也是中华文化延续和传承的重要载体。从古至今，对先贤存留下来的文献进行整理与研究便是后人绵延不绝的一项基本工作。这对于保护中华民族赖以生存发展的文化根基，对于继承和发扬民族优秀文化传统、增强民族自信心和凝聚力都具有重要而深远的意义。

一、数字出版技术给古籍出版带来新的契机

古籍不仅是珍贵的历史文献，它还是文物。那些无法估价的善本书，其本身更是非常珍贵的文物，是不能再生的资源。由于年代久远，古籍纸张极易风化粉碎、残破、变形、霉变，当前为保护好古籍只好限制了古籍的使用。时至今日，利用现代科技对古籍进行数字化保护与利用，已经迫在眉睫，而数字出版则是解决古籍藏与用的矛盾的最佳途径。

作为保护与传承珍贵古籍的重要手段之一，古籍的数字出版可

以真实、清晰地反映古籍原貌，借助网络等媒介提供大众使用，使单本珍籍能够同时为多人所用，促进古籍传播，开创古籍服务的新模式。数字出版为古籍整理与研究提供了技术保障，推进了传统文化的现代化进程。

我国古籍的数字化始于20世纪80年代初，历经近30年的发展，已完成了以下三个方面的转变：数字内容由单一的书目学术机构数据向全文数据、图像数据和图文数据相结合的转变；载体形式由单机版向光盘版、网络版的转变；系统功能由检索工具向知识工具、研究工具的转变。由此可见，数字出版技术的不断进步，促使古籍数字出版物的数字化程度越来越高，形式呈现多样化特点，系统的功能逐步完善，其学术研究和文化建设的价值越来越明显。例如，《四库全书》《四部丛刊》《二十五史》等大型的古籍数据库除了能进行多途径的全文检索外，一般都配有各种知识辅助工具，如联机古汉语字典、年号与公元纪年对照表，字数、字频、词频的统计信息，行文风格特点的概率统计，参考数据的汇集；有的还提供不同版本比勘校对的接口、异体字的汇聚显示、读音的自动标注和朗读、在线标点断句、背景音乐等功能。这些知识工具极大地改善了古籍研究的条件，为研究者提供更全面的研究资料，给古籍整理带来了便利，提高了古籍整理的效率和精确度；同时也开阔了古籍整理工作者的眼界，有利于古籍研究领域新研究方法和研究成果的运用。

作为内容出版与信息技术结合的新型出版模式，古籍数字出版利用现代信息技术对古代文献进行整理、研究与保护，并以电子数据的方式传播与使用，为人类文明成果的集结与分析研究提供了更新颖的视角、更广阔的领域和更丰富的可能。古籍的数字出版已成为延续中华传统文化的重要手段。

二、"天一阁藏古籍珍本数字出版工程"的立项背景

基于上述构想，"天一阁藏古籍珍本数字出版工程"立足新型的出版模式，依托天一阁丰富而独特的古籍资源，延请古籍专家参与项目运作，通过数字技术，实现优秀典藏的数字出版与优秀文化的数字化传播。该项目于2012年列入国家新闻出版总署新闻出版改革发展项目库，并得到了国家财政的资助。

宁波历来是中华藏书文化的重地，特别是自宋代以来，私人藏书蔚然成风，名楼迭出，历代著名的藏书楼有80余座。历经440余年的天一阁是我国现存最古老的私人藏书楼，也是世界上现存最早的三大私人藏书楼之一。天一阁馆内现藏各类古籍30多万卷，其中善本8万余卷，绝大部分是明代的刻本和钞本，其中不少已是海内孤本，尤以明代地方志、科举录、政书等最为珍贵，是研究我国明代历史的珍贵文献资料。天一阁所藏丰富而独特的古籍，一直是中外学者青睐有加的学术资源。这些资源具有重要的史料价值和很高的文化价值，是不可再生的宝贵财富。

"天一阁藏古籍珍本数字出版工程"项目由宁波出版社主持，

与天一阁博物馆合作完成。宁波出版社作为一家城市出版社，立足本土，多年来重视古籍出版，与天一阁博物馆有着长期而密切的联系，曾合作出版了《天一阁藏明代科举录选刊》《天一阁藏明代地方志补刊》《宋元四明六志》《天一阁集》《天一阁珍藏系列》《万斯同全集》等多种大部头的古籍丛书，积累了一定的古籍出版经验。

三、"天一阁藏古籍珍本数字出版工程"的整体架构与实施路径

"天一阁藏古籍珍本数字出版工程"项目的设计目的是通过数字技术将天一阁藏古籍珍本转换成图片和文本数据，并通过主题词编辑技术建设一个古籍资源数据库。在此基础上建立的"天一阁藏古籍珍本数字资源平台"（网站）将提供网络浏览、智能检索、分析处理、研究支持、互动交流，并可进行包括纸质、光盘、电子等多种介质的出版，从而达到数字出版技术对古籍的保护和综合开发利用。

1. 整体架构

根据系统的运作方式以及人员工作场所等要求，整个项目分为三个相对独立的子系统：数据采集系统、数据加工系统、数据发布与展示系统。

数据采集系统主要负责完成古籍的数字化转换，并做好编目归类，同时将图像、文本存储至相应的目录结构内，在此基础上可对

古籍进行分类和普通查询检索等管理功能。

数据加工系统负责处理从数据采集系统接收到的图像数据和文本数据，经过主题词编辑等人工分析、专家审核、录入校对等处理流程，生成一个包含图像数据、文本数据、主题词数据等有关联的规范化、标准化的古籍资源数据库，在此基础上实现智能检索、分析处理等功能。

数据发布、展示系统则主要负责对数据加工系统产生的格式文档或原件图像进行信息补充和发布，供国内外用户或互联网用户查询、阅览；同时能为纸质图书、光盘、电子书等多种介质的出版输入有关格式的原始资料。

2. 实施路径与阶段性任务

"天一阁藏古籍珍本数字出版工程"是以天一阁藏古籍数字化为主体，兼顾考虑与全国其他古籍数据库工程接轨的一个整体信息化项目。综合项目的各种实际需求，确定了如下项目实施路径，并确立了阶段性任务。

第一阶段：介质转换

分阶段、分批次对古籍进行全文扫描或数码拍照，将其转换成数字图像形式。同时，对古籍进行全文本计算机录入。目前完成数字图像转换的系列有《天一阁藏明代科举录选刊·登科录》《天一阁藏明代科举录选刊·会试录》等。

数字化转换目标包括文本转换成数字图像和可编辑的全文本信

息。在保护古籍不受物理损坏的前提下，采取扫描和数码拍照两种方式相结合进行照片录入工作。全文本的计算机录入在目前阶段通常采用OCR扫描识别和手工键盘输入两种方式。但在OCR扫描输入的实践中发现，其对古籍文本的识别率相当低。键盘录入则存在录入速度慢、字库少、对冷僻字的输入需要专门定制的输入法等问题，工作量巨大。目前阶段性的解决方案是：采用北大方正的超大字库。该种字库是在北大方正公司参与《四库全书》和"中国古籍基本库"两个数字化工程中建成的，已经包含了中国大部分的繁体汉字，基本可以满足字库需求。同时采用北大方正的新典码输入法，以适应冷僻字的输入。

第二阶段：主题词编辑

在介质转换的同时，对图片文件和录入文件进行多层次的校对勘误。在此项工作的基础上，安排专人对转换后的古籍进行主题词提炼、编辑，建立对应的主题词数据库，通过专家审稿和核定后，纳入"天一阁藏古籍珍本数据库"相关系统，为后续应用所需的数据库建设服务。如对数字化后的《天一阁藏明代登科录选刊》可进行姓名、籍贯、年代等主题词编辑。此项工作是不同于之前数字化转换的关键所在，也给后续的智能检索、研究学习等功能的开发做好数据库的基础建设工作。

第三阶段：数据库建设和相应软件的研发

由于天一阁古籍珍本数量庞大，所以数据库的建设过程也是分阶段分批次进行的。在数据库建设的过程中，逐步进行相关应用软件的开发。这方面的软件包括智能检索系统、统计和分析系统、网络运行数据库支持系统、研究支持系统、学术互动与交流系统、后台管理系统等模块。

第四阶段：拓展应用

古籍数字化后建设的平台应用将是丰富多样的，结合天一阁珍本、善本多，需注意版权保护的特点。我们的设计思路如下：

第一，基于因特网数据发布的WEB浏览。可通过免费浏览和付费下载相结合的方式，并配以相应的数字版权保护措施；另建立电子阅览室，供读者阅览；提供高精度古籍数字图像和全文检索内容，供读者浏览，但为保护版权，不允许使用任何的移动存储设备。

第二，提供一套逐步完善的智能化数据库检索应用，并可根据不同权限给予学术研究互动功能，研究互动的内容亦可纳入数据库，促使数据库的各类资源处于不断更新之中，从而为建设新的研究社区打下基础。

第三，制作成多种介质产品进行出版发行。在古籍数据库的基础上，针对不同需求开发多种介质的出版产品。出版内容包括已数字化的原始文本，也可包含在研究互动中产生的新的学术信息。

第五阶段：社区建设

研究社区基于原始数据库之上，并将形成新的学术交流社区，对原始数据的研究探讨、互动交流也将形成新的学术资源，这是web3.0技术和古籍研究群体的一次对接，也是新的信息技术对出版资源的进一步探索。

第六阶段：系统对接

在实现自身原定功能之外，将进一步考虑与其他古籍数字化工程及公共文化服务相关网络的对接，如与公益性数字图书馆、其他古籍数据库的共享使用等，以建成开放式的网络结构和可扩充的存储体系。如即将建设的"明代地方志数字出版平台"将在中国地方志指导小组办公室的指导下，以子系统的形式纳入国家数字方志政务网、公共服务网建设的主系统方案。

四、搭建古籍数字出版平台——"天一阁藏古籍珍本数字出版工程"的预期成果

"天一阁藏古籍珍本数字出版工程"通过数字传播技术的研发与应用，加强对优秀文化典籍的整理和出版工作，推进文化典籍资源数字化；通过对数字化建设和数字传播渠道建设的同步进行，对传统出版业态进行升级改造；同时以成果共享的方式，为公共文化服务平台提供了优质出版资源，实现推进文化科技创新和文化传播体系建设的双重目标，从而产生深远的社会影响，带来一定的经济效益。

1.预期社会效益

"天一阁藏古籍珍本数字出版工程"引进新的数字出版技术，

对古籍的出版形式作了科学而深入的研究，实现珍稀古籍的数字转换、多界面阅读、智能检索、研究支持、多介质出版等，是出版企业转型升级、寻求新的出版生产方式的努力探索；对天一阁所藏珍稀古籍进行全新而深入的数字出版，解决了古籍的保护和开发利用之间的矛盾；将给学术界带来许多珍贵的研究资料，从而推动诸多学术领域的深入研究。该项目最终的目标是建设一个新型的古籍数字出版平台，通过网络与数字技术实现古籍研究的交流，且与国家其他大型文化数据库保持良性对接，从而实现古籍数字出版成果的共享，进一步推动出版成果为公共文化服务。

2.预期经济效益

"天一阁藏古籍珍本数字出版工程"顺利实施后预计能达到3万册古籍珍本全部实现数字化存储、智能化检索和初步实现研究学习功能，建立的天一阁藏古籍数字化应用平台将成为吸引广大研究者的学术平台，在上述平台基础上进一步生产一批适合不同需要的各种介质的出版物。

"天一阁藏古籍珍本数字出版工程"的产品盈利途径包括：（1）销售用于收藏和馈赠的纸质高仿珍本图书；（2）面向国内外图书馆系统和广大读者销售电子书；（3）网络付费下载；（4）有偿提供数据库检索服务；（5）数据库销售。从2014年开始，陆续有各类产品面世。随着项目平台的不断完善和对相关产品的进一步推广，预期的经济效益将会出现逐年递增的良性局面。

五、小结

古籍数字化是解决古籍藏与用矛盾的最佳途径，是中华文化由纸质媒介向现代化传播方式的重要转变，是中国古文化传播方式的一次革命。"天一阁藏古籍珍本数字出版工程"在古籍介质转换、主题词编辑、数据库开发等方面进行探索外，还将在多界面阅读、智能检索、研究支持、多介质出版等领域进行更加深入的探索与研究，以期尽快实现推进文化科技创新和文化传播体系建设的双重目标。

然而，由于古籍数字化的专业性强，技术指标要求高，在项目实施过程中也存在一定的风险。首先，古籍数字化转换过程中有可能会发生一定程度的损坏。因此，必须强化各项规章制度，包括工作人员管理制度、防盗防火制度、安全保密制度、数据自检自验制度、扫描用古籍交接管理制度、扫描注意事项、古籍扫描技术规范等。其次，古籍数字化的识别瓶颈、对点校等专业力量的高强度依赖是制约古籍数字出版的重要因素，因此，识别技术的革新和检索技术的突破将推动古籍数字化的进程。

（作者为宁波出版社社长助理，

宁波大红鹰学院侯凤芝对本文亦有贡献）

农教声像社：如何面对数字出版的市场变革

王文峰

近年来，出版物市场销售低迷，科普类音像出版物传统渠道萎缩，销量持续下滑，发行量小，生产和发行成本较高，利润较低，连续数年的农家书屋等政府规模化采购项目基本收尾，使我们这些专业类音像出版物发行工作更加艰难。因为新技术的发展，近几年音像出版业还是普遍受到网络非法播放和网络销售盗版光盘的网络渠道冲击。市场近况如同逆水行舟，不进则退。何去何从，是我们这些从业者需要思考的问题。下面就我社数字出版的工作情况与大家进行一些分享。

我社数字出版基础较弱，为了适应音像行业数字化新媒体发行的趋势，在做好传统出版物出版发行的同时，积极搭建出版社内部的数字化媒体资源管理系统，先后组织人员编辑制作资源数据管理系统，建设媒体硬盘存储，搭建数字在线分享平台，为媒体资源整合、媒体资源库的建设、资源发布渠道建设和数字化出版做了基础铺垫。

选题策划把握两个坚持：一是坚持服务农民培训。依托主办单位农业部农民科技教育培训中心（中央农广校）的农广校体系教学和新型职业农民培训项目，策划调研制作新型职业培训数字化教材，农民培训网络大讲堂。二是坚持专业资源建设。建立行业特色资源库，先后策划推出了农业科技富边疆、农村经营管理等民族语言出版物、华夏文化传承系列，中华风味小吃制作系列传统文化选题、植物营养失调症诊断图谱多媒体出版物、动物保健医生系列等特色鲜明化、技术含量高、行业指向性强的精准化行业资源。为下一步拓展发行渠道，利用网络、手机、电视台等新媒体推广最新的农业视频节目，向在线教育、网络视频播放、手机视频、网络电视、行业数据库等新媒体资源开发方向发展奠定了基础。

针对科普出版物发行渠道线断、店转、人散，发行网络逐渐萎缩的实际情况。我社发行部门积极拓展"三农"音像出版物发行市场和渠道，建设覆盖全国的发行网络，提出了"开阔思路，跳出现有销售的框架束缚，树品牌、拓渠道"的工作理念，积极争取服务"三农"的各行业、各单位的发行合作，形成多渠道、多途径、多形式送科技给农民的新局面，实现了农业教育声像出版发行工作的"四个创新"。

一是音像制品销售渠道创新，从原来的传统的新华书店发行到现在的行业客户定制、专业直销团队、会展销售、企业培训定制等销售渠道，同时对京东商城、当当网、淘宝网等电商渠道也加大了合作销售的力度。

二是合作出版创新，结合市场需求，与兄弟出版单位合作，数字农家书屋资源合作、专项采购授权出版、定制品种配套租型、中职教材配套、APP富媒体出版物定制等合作模式。

　　三是新媒体信息传播合作创新，先后与国家图书馆数字资源平台、文化部文化共享工程、农村党员干部远教中心、中国科技馆、未来电视、优酷网、浙江电信IPTV、陕西农林卫视等单位达成合作。

　　四是网络维权创新，我们一方面与签约律师事务所合作，打击网络盗版，根据侵权情况采取律师事务所发函，起诉等手段维权，以打促合；另一方面与行业主管部门北京市版权局首都版权联盟合作，通过他们与各大网站采取点击分成，搜索分成，广告分成等合作模式。

　　加强业内交流，组织行业联盟，搭建合作平台。2010年始，我们筹建了音像出版发行交流平台（音像与数字出版群），利用每年北京图书订货会、全国书博会的契机与各兄弟出版同行建立联系，组建了行业交流QQ群，每年定期举行数次行业聚会，近期还邀请数十家业内同行在我社就数字出版现状和发展思路进行行业交流。交流平台由最初的来自十多个出版单位的50多人，发展到目前遍布全国三十多个省市和港台地区的传统出版、数字出版和发行的500多人。国家新闻出版广电总局、北京市出版局、中国音像数字出版协会、中国发行协会等行业主管部门的领导也纷纷入驻其中，并对平台的搭建和维护表示了十分的肯定和认可，现该平台已在行业内颇具影响，成为推动行业进步的一股不容忽视的力量。

科普音像出版物原有传统书店代销的发行工作模式，已经不能适应行业和市场的要求。视频在线分享及数字电视的蓬勃发展，专业培训的在线教育潜在市场巨大，行业数据库等新出版模式也是必须要积极关注。当下出版发行行业，一个合格的市场营销人员，除了对发行日常工作中所涉及的本版产品基本知识，客户信息管理，往来账目，业务单据管理，市场维护等传统业务流程和知识熟悉外，在数字出版新媒体运营大趋势下，还必须对适应当下市场所需的选题调研策划，市场分析及定位，产品销售分析，新品出版建议，行业展会营销，重点客户定制，网络电商发行，数字化渠道运作，微信营销，微博推广等编辑、制作、发行三大环节都要熟悉，才能跟上行业发展步伐，把握市场需求的脉络，成为一专多能的复合型人才。同时社里也应积极给员工创造学习和培训的机会，多安排关于营销技巧，市场分析，数字出版，网店运营、项目申报等专业知识培训。

综上所述，虽然传统音像出版物销售在下滑，销售市场低迷，但是在数字出版和网络传播的市场背景下来看，这几年视频网络分享和点播一直不断增长，在线教育市场各方资本纷纷进入，网络带宽建设发展迅猛，碎片化阅读，手机平板等设备市场对于视频节目需求呈现精细化，专业化的发展趋势，对于我们这些拥有专业化视频资源的出版单位而言，应该主动适应市场变化，技术变革，渠道转变，迎接出版业网络化传播大发展的美好明天。

（作者为农业教育声像出版社社长助理）

上海音乐出版社：音乐类产品线的立体化开发

原业伟

上海音乐出版社（以下简称上音社）自1956年创办至今，已销售各类音乐、舞蹈图书和大中小学教材累计3亿多册。2014年该社销售码洋突破1.63亿元，利润突破1 500万元。该社常销的品种有1 500种左右，音像产品占300种，每年生产各类图书近1 000种（其中当年产品约300种，加印约700种），平均退货率低于10%。在音乐出版领域，该社坚守主业，走出了专业化、精品化和特色化的发展之路。

打造四大音乐产品线

从内容分类，上音社有四大产品线：古典音乐、传统音乐、少儿教育和舞蹈图书。在古典音乐领域，上音社与国外多家专业出版社合作，引进了美、英、法、德、日、波兰、匈牙利等国的一大批权威性乐谱及音乐学术著作。尤其是在钢琴曲谱板块，《肖邦钢琴作品全集》《中国著名作曲家钢琴作品系列》等大型钢琴音乐文献树立起了上音社的学术品牌；《汤普森钢琴教程系列》《巴斯蒂安钢琴教程》《快乐钢琴教程》等钢琴教材更是广大钢琴学习者的必备教材。其中《汤普森钢琴教程系列》是该社最畅销的钢琴教材，自1995年引进以来，已经畅销了20年，每年销量在10万套左右。为了丰富该教材的内容，上音社还专门录制了教学版、交响乐队版的DVD、CD等配套产品，服务读者所需。进入21世纪，该社又引进出版了风靡全美的《巴斯蒂安钢琴教程》《快乐钢琴教程》等新教材，对提升中国钢琴基础教育水平产生了深远的影响。

在传统音乐方面，上音社的古琴产品线是其特色。2003年，古琴艺术被列入联合国非遗项目，中外古琴学习者越来越多。上音社从2004年起尝试出版古琴图书，《琴学备要》出版至今已重印16次，有着持续的社会需求。一方面该社出版了当代各派古琴大师的专著，如朱晞的《松弦馆琴谱钩沉》、李祥霆的《古琴实用教程》等；另一方面该社积极进行古琴、古谱的拯救与修复工作，如针对明代朱权《神奇秘谱》打谱整理与发掘研究的《神奇秘谱乐诠》，从日本引进中国琴学东传史上具有标志性意义的《东皋琴谱》。该社还推出收藏于民间的珍贵古琴演奏的音像制品，如"传世名琴"系列中的《猿啸青罗》和《复古殿》，分别为晋代名琴和宋代官琴的传世珍品演奏录音。此外，该社还关注现代古琴界的文化活动，即将问世的《古琴雅集》就是上海古琴文化发展基金会近年来琴人交流、琴曲研习、名琴鉴赏等活动的纪念册。

在少儿教育方面，上音社帮助孩子们"打造一生的音乐计划"。"动手动脑学音乐"是一套从日本引进的亲子音乐互动游戏丛书。《燕子姐姐讲故事》以三维立体形态呈现，将中外经典名曲的旋律作为故事的背景音乐。在去年上海书展推出的《学龄前儿童音乐伴侣丛书——幼儿歌曲视听汇》系列彩色绘本，为学龄前儿童量身定制，精选了100首中外经典幼儿歌曲，拥有高品质的卡通版演唱及伴奏DVD，歌本中包含完整的歌谱及学唱提示，同时配以精美的插画。

舞蹈图书是近年来快速成长的"蓝海"板块。上音社具有舞蹈图书专业出版的优良传统，在3年前还专门设置了舞蹈编辑室。该编辑室现有常销书100多种，每年出书30~40种，产品包括舞蹈教学法、民间舞、少儿舞蹈教学、高校舞蹈教材等，涵盖纸书和多媒体碟片形式。图书曾多次获得优秀图书奖项，如《中国原生态舞蹈文化》荣获2012年第四届中华优秀出版物（图书）奖、第十二届上海图书奖一等奖，《中国舞蹈通史（繁体字版）》荣获2013年国家新闻出版广电总局的"三个一百"原创图书出版工程奖等。

多媒体出版有声有色

上音社与上海文艺音像电子出版社是"两块牌子、一套班子"的市场实体。近年来，该社通过实施音乐图书与音像制品组合包装的发展战略，以两种正版资源的组合优势拓展了音乐图书的产业边界，使一大批纸质化音乐图书实现了与CD、VCD、DVD制品的捆绑销售，让音乐图书从无声变成有声、从平面走向立体，得到了读者的广泛好评，也获得了良好的市场业绩。该社还在新媒体方面开拓创新，首次使用"ONLINE CD/DVD""以二维码扫码听音乐"的概念，以在线视听的方式，让读者突破载体限制获得海量音乐内容。该社40%的图书均配有碟片，有声版图书所产生的附加值带来了差异化的竞争优势，也为该社带来了新的经济增长点。2014年，《我们的田野》入选国家新闻出版广电总局向全国青少年推荐的优秀音像电子出版物名录，《中国民歌一百首》入选首届国家新闻出版广电总局向全国老年人推荐的优秀出版物名录。

面对数字高新技术的挑战，上音社顺势而为，一方面加快推进基础类纸质产品的数字化建设；另一方面积极探索产业延伸，力求实现传统出版与数字产品的融合发展，制定了加强数字出版的"五化"战略，即古典音乐全媒体化，儿童音乐定制化，中小学教材电子化，大众音乐平台化，传统音乐富媒体化。2014年，上音社数字出版取得丰硕成果，"上海文教结合——优势教材数字化开发与应用项目"等三大项目获批并得到资助。同时，"网络音乐互动教育平台"等三大市级扶持项目顺利结项，获得专家好评。2014年上音社荣获首批"上海数字出版转型示范单位"称号。

2015年7月16日，古琴减字谱富媒体数字化应用软件荣获2014—2015年度第六届数字出版博览会"年度创新技术奖"。这是该社在传统音乐数字化领域的重点突破。该社社长、总编辑费维耀为记者介绍了该技术的应用。古琴减字谱富媒体数字化应用软件是利用数字出版的相关技术，整合传统出版优势资源，构建的集古琴减字谱字库、古琴乐谱内容数据库与视听多媒体相结合的综合性应用服务软件，攻克了古琴出版、教学、数字传播的关键技术难关，反哺古琴的传统出版，拓展古琴类专业音乐图书的出版形式，并可运用于与古琴内容相关的出版业、教育业、娱乐业、拍卖业、制造业等。该产品包含古琴减字谱标准化字库、古琴减字谱输入法、古琴资源库和富媒体网络展示平台，能实现数字化打谱、减字谱查找、琴曲试听、琴谱搜索、互动学习等相关服务，可应用于数字出版、网络传播、在线教育和教学研究。该技术获得上海市高新技术成果转化项目认定及软件著作权1项、作品登记1项。

关于未来的发展，费维耀相信，古琴产业规模将不断扩大。他告诉记者："我社将通过创新技术整合传统古琴文化的珍贵资源，搭建富媒体多终端的古琴服务平台，针对不同人群提供各类古琴出版服务。并将通过数字媒体、古琴雅集、名琴鉴赏会等营销手段，开展古琴文化的宣传，将三千年古琴文化的魅力引入当代社会，将阳春白雪的文人艺术升级为新兴产业。"该社将建立面向全国的"古琴数字乐谱制作中心"，以期将流失海外、散落民间和活跃当代的古琴乐谱整理入库。

上音社在儿童音乐教育领域积极开拓，持续开发了从幼儿园到小学、中学音乐课程的多媒体资源包"多来咪"系列。产品有：一是针对幼儿园孩子的，从儿歌歌唱切入，设计完成3套音乐类儿童彩图绘本，并配套有音视频和点读笔；二是针对小学生的，从民乐、美育教育的儿歌切入，培养初步音乐知识，开发4套图书，并配有电子出版物CD-ROM和APP。三是针对中学生的，从经典童话、音乐家故事、歌唱、表演、舞蹈、合唱等大艺术概念切入，完成6套图书，并附上二维码扫码、扫图等ONLINE模式，线上随听音乐等。

目前，全国涉足音乐图书出版的单位越来越多，许多非专业类出版社纷纷进入音乐图书的研发和经营领域，市场竞争日趋白热化。面对激烈的市场竞争，上音社能否继续谱写出稳健发展的新乐章，对此费维耀乐观地表示："自新世纪以来，我们已经连续15年保持快速发展，不仅为未来的发展奠定了雄厚的经济基础，更为可持续发展找到了稳健上升的通道。刚刚制定的'十三五'规划为我们确定了新一轮创新发展的宏伟蓝图，相信上音社一定会取得更快发展。"

（作者为《出版商务周报》记者）

300

4. 海外数字出版

　　数字出版、在线教育是高技术含量的产业，我们通常将发达国家作为标杆。在潜意识中，我们认为，这些发达国家的出版现状就是我们的未来。在数字出版领域、在线教育领域，发达国家尤其是欧美国家，提供了丰富的成功经验。《未来的电子书》《数字时代：培生教育如何实现盈利》两篇文章就是其中的代表。

　　欧美等国的在线教育，起步早，成就显著。培生、思科、HMH等国际大型教育出版集团，其数字出版和服务的收入，早已达到整体收入的60%甚至70%以上。而我们的在线教育产业，从2013—2014年才开始发力，至今我国大型出版机构中，仅有知识产权出版社的数字出版占到全社收入的70%以上，国内大型教育集团、出版机构虽然在线教育都有布局，但至今没有找到持久的盈利模式，这些方面应多借鉴发达国家的经验。

　　苹果和亚马逊让电子书成为纸书的有力竞争对手，在电子书阅读习惯方面，我国读者早已养成了在线阅读的习惯，这一点远远超过日本和英国。自从Kindle2013年入华以来，我国读者逐渐习惯了付费阅读电子书。Kindle的统计数据显示，电子书读者早已深入我国的二三线城市。我们可以有信心地说，这方面，我们走在了日本和很多欧洲国家的前面。但我国的精排版、多媒体电子书与美国还有差距，《未来的电子书》就提供了可供借鉴的案例。我国的电子书市场有特殊性，因此Kindle姗姗来迟。这方面，日本似乎有相同之处，迟至2012年底Kindle才落地日本，艰难的谈判带来的是市场规范化。

在图书的在线营销和宣传方面，众筹、自出版、大数据营销，是发达国家已经验证过的图书营销法宝，在我国发展迅猛，我们也选编了这几方面的文章。由于我国的人口基数大，因此图书市场庞大。在欧洲金鱼池里的试验，一旦在我国复制成功，就会形成冲天巨浪。

日本数字出版模式的转型与启示

陈 言

即便是在传统书籍的阅读大国日本，出版产业的传统经营模式也受到了互联网和手机的强烈冲击。到2009年，有近半的出版社陆续从业界消失。与此同时，电子书的出版和阅读所带来的盈利模式，催生了诸多电子出版社。2012年，智能手机、电子书籍专用终端等新平台迅速扩大了电子书籍市场，电子书销售总额为729亿日元，2013年度电子书销售总额上升到936亿日元，加上电子杂志，总额超过1 000亿日元，比上一年度增长28.3%。根据日本2014年电子书商务调查报告书预测，到2018年，电子书将达到2 800亿日元的增长规模。电子阅读这种新兴的阅读方式将被广泛接受并成为常态，人们会逐渐放弃对纸质书籍的手感和对书香的迷恋，以及其间产生的纠结感。日本数字出版的盈利模式必然会迎来痛苦的转型期，引发对新技术孜孜不息的探索。

2012年，日本电子书店雨后春笋般大量诞生。2011年10月国际数字出版论坛（IDPF）确定了最终版本的EPUB3格式标准细则，随后日本马上就推出EPUB3格式电子书的制作工具，乐天Kobo、Google

Play更新了相关应用和电子阅读器，除了增加支持多媒体格式、在电子书里播放视频、音频内容等功能，还能提供更好的支持 DAISY 有声书标准，为盲人提供听书服务；在技术上，新增对 HTML5、CSS3 的支持、EPUB 内嵌字体的支持等。这种本来借助平板电脑设备（而非由 Amazon 推动的电子书格式）给读者带来丰富阅读体验的技术，Amazon Kindle对此也不甘落后，以EPUB3为基础格式进行重新配置和传递信息。

历史悠久的传统书店正在艰难地转型。比如在国内拥有57家分店、国外拥有23家分店的日本最大的连锁书店纪伊国屋，2010年12月开始提供电子书"Book Web Plus"服务。2011年5月面向Android搭载终端，6月开始面向iPhone和iPad提供信息，积极开展电子书商务活动。同年在其新宿本店开设电子书体验角，试行该社的电子书"Kinoppy"服务。此外，为了能让电子书的新刊和畅销书信息一目了然，体验角还陈列有所贩卖的电子书的标题的纸质版。其他如纸质书和电子书综合经营的honto书店，向纸质书购买者散发电子书专用的联票；文教堂对纸质杂志购买者免费提供该杂志的电子版"sky storage service"的服务；三省堂则联手BookLive共同发布Comi Cam，面向智能手机提供AR apuri服务，通过实体店提供电子书籍信息。

在既有网络上增加电子书服务。在全球使用Line的3亿用户中，日本用户多达5 000万。与向来的电子书配送信息不同，内容提供商为这5 000万Line用户直接配备能够阅读Line漫画的链接，使用便捷，再加上日本漫画阅读群体本来就大，很快就赢得了大量客户。

然而，电子书的发展也面临自身的瓶颈，比如各出版社的出版格式不统一，给电子阅读器的环境造成障碍，EPUB3的电子书制作仍存在问题，等等，然而这些恰好给手机出版的勃兴带来了契机。

日本的手机终端设备（智能手机除外）从一开始，其功能就比其他国家更为丰富多样。这是因为日本手机往往以其开发费用和制作费用的百分比廉价出售，也有的手机制造商向销售代理店支付契约奖励金，薄利多销的方式促进了终端供给商家在多功能化方面的竞争。从支付手段上看，日本的手机运营商如DOCOMO采用与银行和技术商合作开发支付功能的方式，支付对消费者来说就变得十分便利。在出版社与手机运营商的分成方面，作为创造价值的内容提供者的出版方，它与电信运营商的分成比例是7∶3，版权方的利益受到了充分尊重。这与中国的情形很不同，中国的手机用户数量庞大，中国移动运营商盈利显著，且具有垄断地位，中国移动、中国联通与出版社都是六四分成，出版社遭到了运营商"边缘化"，无法实现其主导价值。对于日本而言，其手机文化的特异性还体现在：尽管大多数国家都是依据世界标准的通信规格（W–CDMA）来制造手机，但是日本贩卖的手机基本上是日本专用机种，其终端功能大半只有在日本的职业人能够使用。

由于日本自2003年开始试行包月套餐式的计价收费方式，手机不再按照流量收费，从而引发了手机出版热潮。而手机小说纸质书化之后，有的成为销量超过百万的畅销书，甚至被拍成电影，手机出版给日本出版业带来了生机。在这种背景之下，日本于2006年设立手机小说奖，获得"大奖"者奖金是200万日元，优秀奖50万元，奖金数额直追日本最负声望的芥川奖——后者的正奖是怀表，副奖是100万日元（2011年的数据）。有数据显示：在2007年东贩发表的畅销书（文艺类）排行榜中，前三甲均为手机小说，在前10位中有一半为手机小说。

对于阅读大国日本来说，如果说新技术所引发的阅读革命只是改变了日本的阅读方式，那么对于中国，它意味着什么呢？相关的行业及早参考日本同行的转型模式，或许会在激烈的竞争中脱颖而出。然而对于阅读者来说，甚至有网友断言：由于互联网和云计算的出现，它将改变中国的教育现状，实现真正的平等。如果以前读书是有钱人的事情，以后读书就是谁都可以的了，寒门出贵子将成为现实。

（作者单位：北京社会科学院）

数字时代：培生教育如何实现盈利

孙如枫

21世纪，随着数字技术给出版业传统商业模式带来巨大冲击，如苹果、谷歌和亚马逊等优秀的数字技术运营商、终端商成为出版市场的"新贵"，传统出版集团面临严峻的挑战。培生教育集团（以下简称培生教育），是世界主要的"教育内容提供商"和"教育数字化技术服务商"，其图书出版在产品形态上致力于为学生提供一整套多媒体并举的学习解决方案；在出版流程上致力于实现大规模、个性化的定制出版，并通过发展多元化渠道，实现了盈利。

内容数字化:建立多媒体并行互补的教学产品体系

内容是出版业的基础，决定一个出版单位核心竞争力的强弱，而技术手段却制约着内容产品的价值增值方式。结合多种数字技术，培生教育对图书出版内容进行了两个方面的变革：

出版内容的表现形式，由单向、平面、静止的传统方式发展为交互、立体、多媒体的方式。通过推出与纸质教育产品配套的电子版、网络版、手机版等数字化教学资源，使其教育产品的内涵与外延都得到极大的扩展。目前培生教育的教材出版包括：第一类，是继续传统的纸质教材出版，这是基于人们传统的教学需要和阅读习惯；第二类，是大力发展与纸质教材对应的电子版、网络版、有声版教材；第三类，是积极研发游戏教材，这是基于让学生"在学中玩、在玩中学"的新一代教育产品开发的设计思路。在教辅资料方面，培生教育已实现全数字化，客户可以通过教师资源光盘或专门的在线网站来获取所有的教辅资料。

出版内容的组织方式，从原来以过程为主的方式转化为以结构性和主体驱动为主的方式。培生教育的教育服务理念，不仅仅是为学生提供一个产品，而且是提供一整套的学习解决方案，包括内容、测评、师生互动、资料查询等，还包括教材、教辅和在线课程教学管理系统在内的多媒体并行互补的教学产品体系。

技术驱动使得培生教育的产品内容变得更个性化和更富有价值，这些数字化产品与服务成为其收入快速增长的新源头。培生教育致力于推广这种教育产品数字化模式，2008年就已经有2.5万所美国的学校在使用他们的电子产品。

技术数字化：满足大规模、个性化定制出版的需要

科技创新及应用是数字出版发展的根本动力，培生教育每年的全球投资在技术和研发方面的费用大约是5亿美元，占其年总收入的8%左右。为满足大规模、个性化的定制出版的需要，培生教育构建了海量的数字化资源数据库和成熟的在线编纂技术平台，以此摆脱传统出版依赖造纸和机械印刷的技术环境，成为定制出版领域的"领头羊"。

构建海量的数字化资源。作为传统的大型出版集团，培生教育有着非常深厚的内容资源积累。"培生定制出版资源图书馆（Pearson Custom Library）"是其图书出版业务实现大规模、个性化定制出版的内容数据库，包括培生集团拥有版权的所有图书和精心挑选后、获得了版权授权的第三方内容。这些内容资源都被置于一个技术平台上，通过版权管理和多媒体内容整合，使各自的内容能相互利用，产品可以相互检索、使用。

提供成熟的在线编纂技术平台和按需印刷服务。从支持教师进行定制出版教材的技术上来说，"培生定制出版资源图书馆"中的定制出版系统技术完备、简便易行，几乎是但凡能操作Office办公软件最基本功能的人，都能在其导航条的指引下，完成编辑正文、扉页、选择封面，以至其后的确定版式、装帧形式、印数的工作。

在其定制出版系统的编辑功能区有两个"页数"和"累计售价"项目，对应的搜索功能区每一栏备选项都标明了该文件页数、使用的价格（美元），每选一项到编辑功能区，该区的"页数"和"累计售价"项目就自动迭加，这样在整个定制版教材的编写过程中，编写者对教材定价有明确概念，可以及时控制定价。

通过在线支持体系，培生教育庞大的教育资源与用户需要的教学内容结合在一起。数字技术的高速发展使课堂教学模式发生了很大变化，培生教育提供了灵活的工具、搭载了丰富的内容资源，让用户能够充分实现个性化定制的教与学，通过对内容资源深度加工整合，形成功能强大的面向全球市场的细分领域教育产品。强调为每个学生提供个性化的学习体验，使得消费者对培生教育产品的追随程度越来越高。截至目前，培生教育在客户定制上的收入至少有1亿美元。

数字化时代：培生教育产品的盈利模式

随着数字出版技术的进步，培生教育发展了多元化的盈利渠道，一方面推动了纸质图书的销售，另一方面也拓展了新的盈利模式。

第一，是教科书与综合性的学习系统软件包捆绑销售。如"Pearson Choices"教科书销售服务。今天学生们自主学习的欲望日益增强，关于学习的方式、内容、时间和地点，他们希望有多种多样的选择方案，针对这种市场需要，培生教育推出了教科书销售的"Pearson Choices"服务。将纸质版和电子版教科书，定制版和非定制版教科书分开定价。以其出版的《Java大学教程》为例，其网上书店显示，全本纸质版售价为131美元；全本电子版售价为52.40美元（电子版使用期为180天）；全本网络版售价为30美元（购买密码登录阅读）。

再如，在线产品与纸质图书捆绑销售。在线产品与纸质图书捆绑销售，是培生教育最主要的盈利模式。其收费模式是把数字产品和印刷产品捆绑在一起销售，在印刷产品的原有价格上提高一定的百分比，让客户多花一点钱享受到比购买纯纸质产品更多的增值服务。例如"我的实验室（My Lab）"系列软件，是2007年培生教育配合高校教材开发的学习系统软件包，支持38个学科的几百种教材的学习，到2009年该系列软件有600万学生在配合纸质教材使用。到2012年培生教育集团统计其数字技术平台的注册人数增加了30%。由于在运用数字技术创设现实情境、开发学生创造潜能方面的出色表现，和可以利用人工智能，对学生的学习进度进行准确的记录和分析，以使他们今后的学习进程更加高效，与纸质教育产品配套捆绑销售的在线产品使培生教育许多学科教材的市场占有率大幅提高。

第二，与技术提供商合作分成模式。随着数字技术的发展，新兴的信息技术公司、手持阅读终端商通过资本整合、技术整合等合作方式，涉足出版业，它们向上游争夺个体作家和传统出版业的内容资源，同时也为上游内容提供商提供数字化图书出版和销售平台使之获得新的利润来源，与传统出版商形成既竞争又合作的市场态势。有鉴于此，在自己核心业务不受冲击的前提下，培生教育积极开展与数字技术提供商的合作，围绕互联网、电子商务终端，以广告收入分成、内容销售分成的方式，创造新的盈利模式。

谷歌是全球最大的搜索引擎公司,2004年开始寻求与图书馆和包括培生教育在内的出版商合作,根据与谷歌公司的协议,如果培生教育提供的内容资源使谷歌图书搜索项目在用户订阅、图书销售、广告等方面获得利润,培生教育获得63%而谷歌获得37%的收益分成。

在移动终端方面,随着4G时代的到来,手机向移动媒体发展,在世界范围内是必然趋势。于是培生教育便开始与黑莓手机商合作,为美国路易斯安那州的47个校园提供全州第一个完全定制的在线学习计划。2012年苹果公司与培生集团宣布合作推出数字教材。苹果允许出版商自主定价,同时为其提供70%的收入分成。

在手持阅读终端方面,早在2010年,培生集团就与亚马逊达成了合作协议,允许将一些教材以外的英语学习的图书,如词典等以电子版的形式应用于亚马逊生产的电子阅读器Kindle。

搜索引擎、移动终端、电子阅读器等数字出版技术在出版领域的强力扩张,一方面使传统出版商倍感压力;另一方面,也使他们可以通过多个平台和移动设备销售不同格式的电子书,不再受制于某一个技术服务商。

通过将海量优质内容资源方面的优势,与各种数字化技术相结合,培生教育构架了充满生命力的商业模式,他们以更个性化、更全面的教育服务,超越其传统的市场,服务于更广泛的学习者。我们正处在传统出版与数字化出版相互结合、相互促进的转型期,借鉴其数字化转型的先进经验，全面跟进数字化新趋势，利用数字技术提供的资源整合平台，提升自身竞争力，是我国出版业自我发展的必然选择。

（作者单位：中南大学出版社）

风生水起的德国自出版

英格丽德

自出版在德国越来越普遍了。目前，大约有7.5万名德国作者不依赖任何出版商，销售他们自己的书。仔细观察德国亚马逊畅销书排行榜，就会发现自出版模式相当成功：大多数畅销书都是独立作家自出版的，他们有成千上万的读者。

自出版事业前途无量

如何成为一个成功的独立作家呢？这正是自出版要解决的问题。这天，100多位参与者在明斯特汇集一堂，由新思维媒体组织，德国的自出版人参与者众多，如约翰内斯·祖·温克尔、马蒂亚斯·马丁，演讲者都是自出版界的"宗师"；还有Neobooks、Epubli等按需出版公司，都作为参展商参加相关活动。作者们有很多机会学习不同的营销模式，询问版税问题，并且下载他们的演讲稿。祖·温克尔在他的主题演讲中说到了图书发行的不同策略。他认为："读者们很快就会遗忘一位作者，所以现在就写你的下一本书吧！"他还认为，图书必须要做得专业才容易登上畅销书榜，所以需要专业的封面设计、校对和图书编辑。

作者们得到了参观工作室的机会，讲座题目包括"怎样从中等销售的作家中挖掘市场""从经济的角度观察你的作者""优化视野和发现能力：如何通过SEO和大数据扩大成功"等。其中，"优化视野和发现能力：如何通过SEO和大数据扩大成功"展示了优化大数据的方法，以及作者如何拟定书名、小标题、简介等。总之，"大数据能帮助图书在线检索，从而促进销售"。

自出版这样的活动标志着德国独立作家越来越专业了。"小型独立作家图书展"这样的活动可以建立起作者、分销商和数字出版商的联系，自出版事业前途无量！

Tolino发布自出版平台

德国的电子书销售市场被两大巨头占领：亚马逊和Tolino。后者是书商的联盟，包括Thalia、Weltbild、Hugendubel、Club Bertelsmann、Libri以及Deutsche Telekom等书商。2015年4月28日，Tolino发布了自己的自出版平台Tolino Media，可以供独立作者在上面发布他们的电子书。这就让Tolino Media与亚马逊Kindle自出版项目（KDP）成了直接竞争对手。Tolino提供了有吸引力的条件，从而吸引了Elke Bergsma、Nika Lubitsch和Alfred Bekker这样一批知名德国自出版作者入驻。

这些具有吸引力的条件包括：EPUB格式转换和下载，销售价格70%的版税。这就意味着，如果一本书定价2.49欧元，那么作者在Tolino中销售可以得到1.46欧元，但是在亚马逊上销售只能得到73分。（注：原文如此，可能去除了所得税），而且通过Tolino所有书商合作伙伴销售，每一本书都能够在1 000多家在线书店中呈现。

Tolino Media平台是Tolino与战略合作伙伴Neobooks合作搭建的，Neobooks是霍尔茨布尔克出版集团旗下多罗莫尔出版社的自出版平台。合作不仅包括使用Neobooks开发的软件，还会合作进行技术开发，获取作者资源等。

未来，Tolino Media能否与亚马逊一决高下？Tolino Media的总经理Thomas Forstpointner充满信心地说："Tolino广阔的产业生态系统和优厚的条件，尤其是70%的版税，让我们成为自出版作者可靠的合作伙伴。我们还会让成功的作者在实体书店销售纸质书。"

（作者供职于德国兰登书屋）

（原文刊于美国《出版观察杂志》，编译：原业伟）

出版社如何利用大数据做好在线营销

克里斯·齐格弗里德

大数据分析与营销

出版社要收集数据，就要思考收集谁的信息、收集什么信息，什么时候收集、哪里收集、为什么收集、怎么收集。

在"谁"的问题上，包括读者、零售商、图书馆、媒体平台、学校和特别的市场。

在"什么"的问题上，可收集的数据是海量的，要通过建立关系，判断数据的价值。除了姓名、性别、基本资料外，还包括经常使用的社交媒体，喜欢的书的类型、喜欢的作者、偏好的电子书设备等。

在"什么时候"的问题上，要时时收集数据，市场人员收发邮件、电话联络都是在收集信息。很多时候各部门都在收集信息，但缺乏沟通，不能有效地分析信息，因此要建立沟通机制。

在"哪里"的问题上，可以在公司之外，如邮件列表获取、阅读出版类报刊、参加出版商聚会，可以建立有效的信息过滤机制。在公司之内，编辑可以与网络营销沟通，因为营销往往拥有海量的数据。寻找关键的搜索词，从而增加点击率，还可以检索哪个媒体平台传播有效。

在"为什么"的问题上，要看出版商的目的。比如用智力竞赛、读者调查的形式，了解读者构成。例如，我们曾经做过一次智力竞赛，获奖者可获得去罗马旅游的机会，只此一项就增加了4 000美元的支出，但让我们对5万名注册用户有了了解，下一次发布新书的时候，即可向这5万名用户定向推广。读者买得越多，市场推广越有效果。

企鹅兰登书屋给每个作者都有独特的ID，从而管理作者，将收集到的数据用于市场宣传部门。

怎样收集数据

要收集图书反馈数据，我们采取的首要策略是汇集博客内容。从2010年11月2日开始，我们在图书网站上开设了博客评论栏目，征集读者的书评，并且给写书评的博主寄送图书。目前已经有1.9万名博主参与，获得了4.2万条评论，在此过程中寄送了5.56万本书，更重要的是获得了800万个数据点，这些数据点直接导入客服管理系统。每一个博主都有330个左右的相关数据点，包括姓名、年龄、地址、阅读偏好、受教育程度等，分成8个大类90多个小分类。每次博主要出新书的时候，数据库就会及时更新、扩大。

收集数据之后，就要整理数据，让数据清晰可见。例如，我要在纽约搞一场活动，就可以筛选到活动地点方圆50千米内的读者，并与他们沟通。要做到有效筛选，就要将手动筛选和程序筛选两种方式结合使用。我们可以在任何时候、任何地点查询或添加数据。比如我们想知道，纽约有多少博主对小说感兴趣，只需要30秒就可以拉出列表。

我们根据800万数据点的支持，每天向博主发布他们感兴趣的图书信息。博主的书评可以提高品牌网站的知名度。此外，我们的系统与其他图书数据资料库相互关联，只需要输入国际标准书号，就可以立刻获得某本新书的封面、作者、定价、内容简介等基本图书信息，当图书封面信息更新后，相关信息会自动在网站上更新。而且只是一个ISBN号就可以提供200个信息点，读者喜欢这本书，就可能对相关200个信息点开展分析，如作者、题目、价格、系列相关书。

博主买过书或者要求寄书之后，就会收到确认邮件，如果是希望免费寄书，就要求博主60天之内发表书评，期限临近前会提醒博主。如果出版商想知道书评对宣传起了什么作用，程序可以在10秒内生成报告，说明该书评在宣传上所起的作用、书评发表时间、作者相关书评，以及其他积极的市场反馈。

取得博主信任是非常重要的，如果他们不信任我们，一夜之间就会全部离开。给博主的邮件太频繁，或者有不适当的话，就会失去信任。与博主建立经常联系，可以促进相互信任。比如我曾经写过亲笔信，感谢博主的参与，如果书评写得好，还会给博主赠送小礼物。

　　收集数据要注意随时与各部门沟通，了解各部门所做的工作，有多少是与数据收集有关。总之，数据对出版业是最重要的，只有学会收集并利用这些数据的人，业务量才能增长，才能获得成功。

（作者为企鹅兰登书屋的出版公司在线市场营销经理，编译：原业伟）

众筹助力出版营销创新

狄波拉·艾敏

出版业是试验性极强的产业，变化多端，热闹非凡，经常开启新的商业模式。很多小型出版商由于应变乏力，难以将图书推向市场，最后面临倒闭。正因为如此，我们找到了一种新模式——众筹。

众筹作为一种图书营销手段，形式多变，作家和出版人必须向市场寻求新项目的资助，等资金充足后才可以出版新作。因此新作的题目和简介的扩散范围越大越好，像我们这样的小型出版商要做众筹出版，必须要耗费时间策划一场紧锣密鼓的出版前奏战役。

我们公司做众筹出版之前，先要在合同上写下一些条款，要求作者与我们配合，学习并且尝试新做法。作家往往对自己的读者有很大影响力，要让他们清楚出版费用的问题。而一旦其作品获得了足够的资助，就可以从销售中获得版税。如果作者写了其他书，也会与这部众筹的书相互关联，从而在销售中获益。

众筹让读者更加了解出版

像萨利文街出版社这样的小出版商，如何才能看到终极目标、制订计划并且有效众筹？又如何突破融资障碍，让一本书更好地走入市场？是的，问题的关键是寻找合适的合作者、制订计划并顺利执行。

常言道：船小掉头快，而大公司做出转变则很难。但是，即使有决策灵活的优势，我们还要深入了解自己的作者，他们能触及多大市场，谁能帮助你。这一切都取决于兼容性和洞察力的融合。

换句话来说，当万事俱备时，是否有千篇一律的众筹方式，对大多数书都有效？我的意见是，如果能帮助作者建立有效的与读者沟通的途径，就可以从读者中获得出版所需的资金。

出于"自私"的心理，我认为很多出版商都愿意转移部分财务负担，因此如果一本书众筹成功了，这笔启动资金将会由社会大众承担，而非由单一的公司来负担。可能作者和读者也会更好地理解出版业的运作规律，从而获益；如果他们不能理解，我们应该用心向他们解释。

众筹出版构建社群经济

作者通过众筹的方式了解读者（也就是市场）的预期，这种社交媒介通过电子邮件的形式，以更加私人的方式介入了读者的生

322

活，从而扩大了作者能够影响的读者群体，形成了社群。书出版后，这些最初的投资者还会帮助作者维护并扩大这个社群。

这种市场营销不仅仅是简单的宣传，而是随着时间推移让读者受益，所以伴随图书终生。读者的阅读效果也远远超过学习曲线，且不会因为直接宣传导致读者反感，读者自愿加入该书的社群，并从中获得快乐。

我们选择与聚焦图书社群的网站Pubslush合作，他们的经营理念基于图书产业本身的规律，无论虚构非虚构图书都可以产生很好的效果。我们的书能否成功取决于自身质量，但他们提供的工具是我们这样的小型出版商急需的。

随着众筹出版的逐渐推进，我们也发现，如果要分析作者的收入结构，只要分析他们早期作品的读者结构就可以了；大众不仅能够在商业上支持我们，还能激发作者的创作力，并且带来稳定的收入。

虽然出版产业分分合合，成功失败都很常见，我们依然生产图书，这促进了我们对整个世界的理解。如何更好地做书，是一个需要长期思考的问题；但我们不需要问为什么做书。汇集社群力量帮助我们更好地做书，这将是非常激动人心的前景。

（作者供职于纽约萨利文街出版社）

（原文刊于美国《出版观察杂志》，编译：原业伟）

数字出版：图书的"长生不老药"

沃伦·阿德勒

为一部新书开发布会，一直是传统出版社确立新作品地位的门径。新书发布会正如婴儿出生，重要而必须。总体来说，如果新书发布不成功，那么书就没有前途。对作者来说，新书发布会只是一个生命周期的开始，随后的营销才是最重要的。对于那些追求事业连续性发展、追求作品辨识度的作者而言，数字出版提供了一个广阔的平台，让他们的作品不至于被埋没。

传统出版寿命有限

我是从传统出版开始作家历程的，与大型出版社签订书面合同，例如：在华纳书局出版《玫瑰战争》，在麦克米伦出版《疑云密布》，在维京出版社出版《日落岗》，在肯辛顿出版《喇叭花》，在Putnam出版《西伯利亚特快列车》。但是传统出版机构并没有为我的作品提供让我满意的服务。旧式的行之有效的出版之路是这样：编辑一部书，设计封面，规划新书发布会，通知书评人，并寄送样书，发表书评造势。随后一本书以精装本面世，提前进入发行目录，联系媒体宣传，营销情况有时候取决于这部书，有时候取决于作者的前作。书店订购，但图书是否上架大多数时候带有投机性质。这时候发布会日期临近，如果出版机构感觉会畅销，就会投放一两个广告，并且为此投资，邀请作者的亲朋好友开展读书会。图书终于可以销售了。

但对大多数书而言，尤其是新秀的处女作，如果销售很低，那么作者的前景就很黯淡，该书最终淡出大众视野。如果该书登上了畅销书排行榜，就可以通过各种渠道进入大众视野，让读者获知，并引发购买。在排行榜上的时间直接提升图书销售。

传统上，一段时间后，在精装书打折降价销售时，该书的平装书就会发行。之后，除非该作品改编成影视剧，或者被学术界采纳为课程，该书就会淡出视野或消失。传统出版机构在签约的时候规定销售期，在一定时间内销售，最终不再印刷。

数字出版延年益寿

在数字出版来临之前，大多数图书无法在创新性出版途径中完成出版周期，甚至那些短暂闻名的图书也是如此。记忆很短暂，恶名和美名都如同蜡烛燃尽前最后一缕闪光，迅速消失。当然极少数人抓住了这一缕短暂的闪光，不惜投入成本，将自己的作品送上排行榜。

作家们虽然很少就图书销售发言，但他们深信其作品具有长尾效应，有读者反馈，值得在读者中永生。以我的观察，这对艺术创作很有刺激作用。但是对真的要延长自己作品销售期的作家而言，开展销售后的营销才可以实现目标。

数字出版优于传统出版之处就在于延长了图书的寿命，作者不再受新书发布周期局限。传统出版机构将图书上架视为主要销售途径，图书一旦下架就不再宣传。读者只能去图书馆或者二手书店寻找。但是读者诉诸数字出版物，比如亚马逊出版的作品，就可以选择按需印刷、iBooks、Nook、Kobo，等等。作者的前作都会在搜索界面上展示出来，这样作者的全部作品都可以销售。一本电子书永远不会断销。

宣传推广旧书重生

感谢数字媒体，作家现在可以通过社交媒体推销自己的作品，如博客、在线评论和个人网站。今天的作家，再也不像以前那样让他们的旧书单消失在九霄云外了，网络起到积极作用，重新发现旧书。这也意味着，作家可以利用所有付费或者免费的网络工具、宣传手段、广告杠杆，还可以随心所欲地重新发布自己任何一部旧书。

作为一位小说家和电子书的先锋，我长期为自己图书的再发现和生存而努力。这是一项英雄般的挑战，充满了试验性，不可预测，也许可以用威廉·莎士比亚在《麦克白》中的名言形容："要是你们能够洞察时间所播的种子，知道哪一种会成长，哪一颗不会长成，那么请对我说吧……"

（原文刊于美国《出版观察杂志》，编译：原业伟）

未来的电子书

栗月静

即使Kindle和iPad取代了平装本和精装书，书籍仍然是简单的文字世界。不过，两位美国媒体人希拉里·卡利普（Hillary Carlip）和玛克辛·拉皮德斯（Maxine Lapiduss）正努力把书变成多媒体交互式冒险。她们努力的结晶就是署名希拉里·卡利普的新书《找到我，我就属于你》。这本电子书讲述了在一家线上新娘杂志工作的古灵精怪的女孩玛格丝，在洛杉矶找到真爱的故事。

虽然听上去是个老套的故事，不过《找到我，我就属于你》可不是一般的浪漫小说，它是一本电子书并包括了一系列网站和网络电视节目，还是多家赞助商的载体。

不但能够阅读还能体验

《找到我，我就属于你》属于很容易让人上瘾的书。这部爱情喜剧小说讲述了落魄的艺术家玛格丝发现男友欺骗了她，伤心欲绝之际，她发现了一份来自陌生人的录像信息，这份影像来源于她从美国某大型分类广告网站上买到的一台二手录像机。这位神秘人物给出了找到他的线索，她相信这个男人就是她的真爱，能否得到真爱取决于她能不能在截止日期之前找到他，读者就此跟随女主踏上了"寻宝"之旅。

为了让虚构的世界真实可信，该书作者为辅助故事的发展建立了33个网站，每个网站都有专门的主题，比如通灵、婚礼和宠物照片，还专门制作了视频和一个社交网站，供读者沉浸在故事中，这些网站同时也创造了无数的商业赞助机会。这种交互式阅读体验可以说是21世纪的娱乐方式，正是这本书开启了革命之旅。

读者不仅仅阅读故事，还能体验到其中的生活。读者可以在图片分享网站Instagram上看到女主角的照片、艺术作品和她的手写字迹，还能浏览她使用的网站和她创造的网站。随着阅读的进展，读者可以点击一个幽默的新娘网站Bridalville，阅读文章和观看视频，这里是女主角工作的地方。还可以访问 Freak4mypet.com，一个宠物照片网站，女主的前男友把她的狗的照片贴在了上面（读者可以在网站上发布自己的宠物图像和视频）。此外，还可以在电子书中看到那段让女主陷入爱河的神秘视频，而那位英俊的神秘陌生人是出版商请演员扮演的。随着阅读的深入，读者会发现，虚构与现实之间的界限变得模糊不清了。

这一系列的网站还能让读者发布自己的信息，在小说中，女主角的前男友专门建了一个网站，为自己的不忠向女主道歉，读者可以访问该网站发布的道歉信。这些网站也能承载赞助商的内容，比如，在宠物照片网站上，该书的赞助商之一，一家宠物食品公司就发布了一段动画。

电子书成为广告载体

无疑，该电子书的主角是玛格丝。不过这个故事还有一个不太明显的主角，纤而乐（Sweet'N Low）代糖，一种人工甜味剂。在这本356页的故事中，纤而乐以微妙的或不那么微妙的方式出现了很多次。在一个场景中，纤而乐的粉丝玛格丝，展示她新涂的手指甲，颜色与这种甜味剂的粉红色包装一样。还有一次，同事为了戏弄玛格丝在她的咖啡中倒进了这种代糖包。

"感觉是不是很好啊？"同事问。玛格丝回答说，她已经研究了所有网上的资料，资料显示该产品是安全的。"他们给实验室里的小白鼠每天吃2 500包……不管是美国食品药品管理局还是美国环保署，或是其他什么机构，都没法把我包里的代糖包和任何类型的人类癌症联系起来。"

实际上这些场景都是纤而乐的生产商卡伯兰包装公司提供给读者的，为此这家位于布鲁克林的公司给这本书投资了130万美元。

该电子书的赞助商还有美国户外广告公司Clear Channel Outdoor（CCO）和同人小说网站WattPad等。此外，小说的赞助商还涉及汽车和饮料品牌，这些都与小说的目标读者——年轻的女性相匹配。

小说中到处有品牌名，比如Vespa轻便摩托和红牛饮料（不过这两个不是赞助商）。据说，本来小说中就有品牌纤而乐，不过在赞助协议达成后，其戏份得到了加强。这种模糊了艺术和商业之间界限的方式在电视节目和电影中很常见，但在书籍出版中则不常见。

据相关媒体报道，坎伯兰包装公司认为，设计一个热爱纤而乐的女主角是电视植入式广告的一个现代版本。该公司认为，作者非常聪明也非常小心地把一个产品的信息写进了故事中，还对整体故事没有丝毫的损坏，这才是吸引年轻女性消费者和消除人工甜味剂有健康风险传言的高级广告。

搭建实体书与电子书的桥梁

《找到我，我就属于你》这本书，由美国著名电子书出版商RosettaBooks在2015年初发行，通过所有主要的数字化零售渠道销售，比如亚马逊、苹果商店、B&N推出的电子书Nook和乐天集团的Kobo等。

为了在电子书和实体书之间架起桥梁，出版商还为这本定价6.99美元的电子书发售带有下载密码的电子书卡，读者可以获得下载阅读密码。这种卡片提供了电子书出版商在实体书店销售电子书的可能性，也可以在做图书宣传的时候分发给读者。

这种卡片还是作者吸引企业赞助的好方法，因为出版商可以用特殊的密码下载不同批次和不同版本的电子书。比如某企业可以购买1万份这种卡片，出版商可以保证，它购买的内容都有该品牌植入在电子书中。RosettaBooks为《找到我，我就属于你》首批发行了1.5

万份这种卡片。

由于这种电子书卡有单独的下载密码，出版商就能追踪到读者是如何阅读这些书的，比如花了多少时间，分成几次阅读，哪些地方会重复阅读，等等。这些精确的分析对广告商更有吸引力。

哈珀·柯林斯，西蒙·舒斯特和开放之路（Open Road Integrated Media）这些出版商都在探索发行电子书卡是否可行，它们在作者见面会、作品研讨会上分发电子书卡，偶尔也在零售书店里销售。RosettaBooks已经为几本非虚构类的电子书发行了电子书卡，并在研讨会、大学校园和读者见面会上分发了10万份这种卡。

该书的作者卡利普女士既是创业家，也是屡获殊荣的作家和艺术家。她在2010年时想到了这种多媒体的电子书形式，于是便和自己的朋友，获得艾美奖提名的电视喜剧作家、制片人玛克辛·拉皮德斯共同创办了传媒公司Storyverse Studios。

而《找到我，我就属于你》历时三年，投入了40万美元，是该公司的第一个项目。如今，小说的第一大赞助商卡伯兰包装公司还赞助了小说粉丝艺术大赛，卡利普女士正在写作小说的续集和前传，而Storyverse Studios正在开发小说的网络剧和真人秀节目。

《找到我，我就属于你》这本书告诉我们，如果做得好，一本电子书会有非常多的盈利点，如果该书成功，可能会迎来商业出版新潮流！

（作者为世界知识出版社编辑）

图书在版编目(CIP)数据

出版业如何迎接数字时代?/吴波主编.—成都:西南财经大学出版社,
2016. 11
ISBN 978 - 7 - 5504 - 2538 - 5

Ⅰ.①出… Ⅱ.①吴… Ⅲ.①出版业—研究 Ⅳ.①G23

中国版本图书馆 CIP 数据核字(2016)第 171863 号

出版业如何迎接数字时代?

吴 波 主 编
原业伟 副主编

图书策划:亨通堂文化
责任编辑:方英仁
特约编辑:孙明新
封面设计:李尘工作室
责任印制:封俊川

出版发行	西南财经大学出版社(四川省成都市光华村街55号)
网　　址	http://www.bookcj.com
电子邮件	bookcj@foxmail.com
邮政编码	610074
电　　话	028 - 87353785　87352368
照　　排	四川胜翔数码印务设计有限公司
印　　刷	四川五洲彩印有限责任公司
成品尺寸	165mm×230mm
印　　张	21.25
字　　数	200 千字
版　　次	2016 年 11 月第 1 版
印　　次	2016 年 11 月第 1 次印刷
书　　号	ISBN 978 - 7 - 5504 - 2538 - 5
定　　价	39.80 元